有爱又有笑的陪伴

北大妈妈的游戏育儿法

李宜萌 著

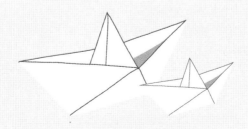

北京理工大学出版社
BEIJING INSTITUTE OF TECHNOLOGY PRESS

图书在版编目（CIP）数据

有爱又有笑的陪伴：北大妈妈的游戏育儿法 / 李宜
萌著. — 北京：北京理工大学出版社，2024.7
　　ISBN 978-7-5763-3716-7

Ⅰ. ①有… Ⅱ. ①李… Ⅲ. ①婴幼儿—家庭教育
Ⅳ. ①G781

中国国家版本馆 CIP 数据核字（2024）第058149号

责任编辑：王晓莉　　文案编辑：王晓莉
责任校对：刘亚男　　责任印制：施胜娟

出版发行 / 北京理工大学出版社有限责任公司
社　　址 / 北京市丰台区四合庄路6号
邮　　编 / 100070
电　　话 / （010）68944451（大众售后服务热线）
　　　　　　（010）68912824（大众售后服务热线）
网　　址 / http：//www.bitpress.com.cn

版 印 次 / 2024 年 7 月第 1 版第 1 次印刷
印　　刷 / 三河市华骏印务包装有限公司
开　　本 / 710 mm × 1000 mm　1/16
印　　张 / 16.5
字　　数 / 210 千字
定　　价 / 59.80 元

本书赞誉

我很高兴为这本书，以及它的作者宜萌，献上我最诚挚的推荐。

宜萌有着敏锐的思维和很强的幽默感。她是中国最早学习和实践"游戏力"理论的讲师之一。从那时起，她就在自己的家庭中活出了游戏力的精神，并影响着成千上万的父母们，让他们变得更有趣，更好地与孩子联结。

宜萌的方法非常实用，她用自己的家庭和家长学员的真实案例，去体现游戏育儿的核心精神，既有趣，又有效。宜萌的课程也让来学习的家长们变得更有耐心、更有界限，他们的孩子变得更加合作、更加自信。衷心祝愿这本书能把她的温暖和智慧传递给更多的家庭。

——Lawrence J. Cohen 博士，《游戏力》作者

宜萌的育儿经不仅有她积淀多年的理论高度，更有很强的实操性。书中很多热气腾腾的、她与孩子间互动的小故事，非常温馨可爱。你会体会到育儿的松弛感，也能感受到一位母亲的用心与智慧，不知不觉间学会很多有效的养育方法。非常推荐每位父母都读一读这本书！

——项目，《有边界感的妈妈，不用督促的孩子》作者

和宜萌相遇是在五年前的游戏力课堂中，那时她已经在家庭教育的路上深耕了很久。

宜萌作为一个"超会学也超会玩"的北大妈妈，把自己育儿的经验，及多年的家庭教育从业经验，变成这本深入浅出又落地实操的游戏育儿书。

游戏育儿，远不止是育儿。在践行游戏育儿的这几年中，我把自己养育成了一个轻松、丰盈、自洽的"大女孩"，在爱和笑里自在育儿。这种爱深深滋养着我，给予我能量的同时，也让我找到了自己的创业方向，陪伴更多

1

女性创业和成长。

游戏育儿是一份丰厚的礼物，谢谢宜萌用细腻的笔触和深厚的理论实践知识，把它带到更多人面前。

——圆子，元气女性联盟创始人

孩子都爱玩，在游戏中孩子的好奇心和兴趣才会得到更大程度的开发。如果我们让学习像游戏一样有趣，那父母就不必那么辛苦地陪娃写作业了！

如何玩出自主学习力？看看北大妈妈李宜萌的新书。每个父母不仅能从中学到游戏化养育的理念和各种实操方法，还能使自己和孩子的关系更亲近！

——秋叶，秋叶品牌、秋叶PPT创始人

李宜萌老师的这本书，以游戏为媒介，将亲子互动与教育智慧巧妙地融合在一起，让父母在轻松愉快的氛围中培养孩子的自信与合作精神。书中的实用案例和深刻见解为我们现代家庭提供了全新的育儿方式，让爱与智慧在欢笑中传承。

——陈晶晶，养育星球品牌创始人、第十届当当影响力作家

为什么现在很多孩子不喜欢学习，甚至厌学？那是因为孩子在接触学习的过程中太无趣了！要想让孩子"爱上学习"，建议家长们给孩子一些"玩中学"的方式，可以运用宜萌老师这本《有爱又有笑的陪伴》分享的趣味游戏育儿方法，在陪伴的过程中，让孩子"玩好又学好"，一举多得！

——何小英，畅销书《不急不吼，让孩子自主学习》作者

前言

我成为一名家庭教育从业者、心理咨询师已有近10年的时间了。在工作中，我曾遇到很多父母，他们为了把孩子养好前来学习；也遇到过更多父母，他们倾诉着养育孩子的艰辛。

在如此高密度、快节奏的现代生活中，许多父母在不经意间就驾驭着好几重身份：作为一个女儿／儿子，作为一个妻子／丈夫，作为一个妈妈／爸爸，作为一个儿媳／女婿，以及一个工作中的身份，等等。每个身份都至少有一个标准，想要把所有的标准都做到100分，那是非常不容易的。

单就父母这个身份，就有很多标准。太多的碎片信息都在告诉我们，要如何去说、如何去做，才是对孩子好，才是一个"称职的好父母"，否则就是不合格。各种各样的声音传递的都是"你不够好"，所以父母很容易陷入内疚、自责的情绪中，而当我们无力承受这些苛责的重压时，会自然而然地把手向外指去，指向的可能是我们的亲人、孩子——这些我们本想保护好的人。

固然，有些方法之所以能够广为流传，就在于它在某些地方有效果，但是如果它是靠苛责和透支父母们的爱和责任心换来的，那效果必然不会长久。皮之不存，毛将焉附？

所以，自从成为妈妈，我就一直在探寻一种既能够彼此滋养，同时又有利于孩子长期发展的亲子关系。我看了很多书，学习了市面上大

多数亲子养育类的课程，最终在游戏育儿这里找到了自己想要成为的样子。

在践行游戏育儿的 6 年里，我收获了更加有松弛感的自己、有情感流动的亲子关系，以及充满欢声笑语的家庭氛围，并成为游戏育儿坚定的传播者。6 年以来，我用游戏育儿的理念深度支持了上千个家庭，线上听过我分享游戏育儿理念和方法的家庭已有数万计。

但这本书我依然写了比预想更久的时间。因为在写这本书的时候正逢疫情期间，面对时不时就得待在家里的孩子们，我每天挣扎在多重身份的繁忙中连轴转，经常是刚刚整理好思绪，坐在电脑前，就又被拉走处理一堆紧急事情了，实在是疲于应对。内在情绪起起落落，外在进度反反复复。

这个一地鸡毛的过程让我一直在自我审视。有很多遇到养育挑战的妈妈，她们可能和那时的我一样手忙脚乱，甚至可能会面对更棘手的问题。但作为妈妈，我们有时很容易自然地优先让渡一部分自我给孩子，让渡一部分自我给家人，也许还需要让渡一部分自我给工作。那么，我们自己呢？是否在养育中得到了足够多的关怀呢？我分享的内容，作为一本养育书籍，它是会给家长朋友们赋能、让人读了释然或有所启发，还是会成为一个新的所谓"好妈妈"的标准、自我要求和枷锁呢？这后者，非我本意。

所以，亲爱的朋友，我想对你说，不管你是在读这本书，还是任何一本其他的养育书籍，我祝愿你不要被一种要成为"正确的"父母的压力捆绑，形成一种"我必须如何如何，否则……"的焦虑和担心。恐惧会束缚我们作为父母的能力，会阻碍我们让爱的本能发挥作用。

我相信，正在读书的你、正在为了养育而学着变得更好的你，本身就已经足够好。同时，我也希望，这本书能成为你养育工具箱中的助力，在那些遇到挑战不知所措的时候、在那些发生亲子冲突后沮丧无措的时候，它能给你提供一个解题思路或者一些方法——有些甚至是你可能"意想不到"的方法。希望这些解题思路，给你一些尝试不一样方法的勇气和继续努力的信心。

愿你在养育的道路上，因为懂孩子而有更多底气，因为有方法而更加从容，因为内心松弛而感受到更多的快乐和心灵的自由。

如何使用此书

本书分为原理篇和实践篇两个部分。

前 3 章为原理篇，帮助家长更加理解孩子，走进孩子的世界。

第 1 章从中国当下的内卷大环境入手，分享了为什么游戏力可以帮助我们应对养育倦怠，它放松灵活的态度、真实的情感、接受不完美的勇气，帮助家长聚焦亲子关系，简化育儿生活。

第 2 章围绕孩子心理发展的特点，从游戏为什么是孩子的工作、孩子认知发展的阶段、儿童的泛灵心理、故事对于孩子的意义等角度，帮

助家长了解游戏对于孩子而言不可替代的特殊意义。以及如何运用这些特点支持孩子的具体方法工具。

第3章介绍了进入孩子游戏世界的方法和技巧，例如调频、跟随、装傻、充分利用身体语言和即兴游戏等，帮助家长成为一个让孩子喜欢、能够走进孩子心里的大人。以及介绍了这些方法和技巧在日常生活中可以如何被迁移使用，促进亲子关系的发展。

第4章到第8章为实战篇，针对中国家长常见的具体场景和挑战，分模块讲解了17个典型挑战场景中孩子的心理特点，解决问题的思路，游戏力方法、案例，给出巧妙的游戏建议指导和具体游戏的迁移应用。

第4章为情绪调节模块。首先以愤怒、恐惧、悲伤三个最常见的"情绪朋友"为例，分享与孩子的情绪相处的具体方法；然后谈到对于复合和强烈的情绪的应对方式；最后谈到作为家长自己也会有情绪，帮助孩子理解他人的情绪。

第5章为性格培养模块。提出孩子常遇到的挑战——磨蹭、畏难退缩、抗挫力差、社交冲突、适应新环境等，都有助于培养其性格，从自主性、自信心、抗挫力、界限感、适应力五个维度分享如何运用游戏力一步一步发展孩子的性格和品质。

第6章为学习力模块。以高效的跑车作比，认为一辆跑车要能发挥出最大的能力，需要具备积极可靠的驾驶员、强劲的动力系统、高效的能量传递、尽量小的行驶阻力。从这四个方面入手，谈谈如何让孩子在学习方面成为一个"积极可靠的驾驶员"，从而提升学习动力、提高学习效率、降低学习阻力。

第 7 章为家庭氛围模块。谈到了家庭教养观不一致、多子女冲突、用幽默化解家庭冲突等常见的家庭关系挑战，给出了别出心裁的有趣的解决方法。

第 8 章强调了游戏力是一种生活方式。从提升家庭的情感温度、允许养育中真实的情感流动、享受养育的过程而非结果三个方面升华了本书所想倡导的关注关系、简化养育的态度。

书中每个章节都是先有基本理念，然后提出解决问题的步骤化的方法思路，给出具体操作的方法，还有相应的游戏工具箱。在阅读本书时，可以有意识地去觉察自己当前的挑战主要聚焦于哪一类或哪几类，进而有针对性地进行调整。

关注微信公众号【包妈妈分享】（ID: bmmshare），回复关键词"游戏育儿"，获取电子版《亲子游戏集锦》。

目　录

实战篇：巧用游戏，玩出孩子的能力

第4章
玩出情绪调节力

第5章
玩出健康好性格

第6章
玩出自主学习力

第7章

玩出全家好氛围

第8章

游戏的心态，不仅仅孩子值得拥有

第1章

游戏力，让亲子关系更轻松

小时候，幸福是一件很简单的事；长大后，简单是一件很幸福的事。

——丰子恺

● 你是否也渴望一种简单的育儿方式？

近年来，由于我国教育竞争的不断加剧，家庭在孩子教育方面的投入也越来越大，不仅包括财力和物力层面，还包括了人力和精力层面的投入。为了"不让孩子输在起跑线上"，越来越多的城市家庭从孩子呱呱坠地便开始投入一场漫长的教育竞争甚至是教育军备竞赛中。

通过网络、自媒体等各种平台，我们会看到很多教育孩子的观点、文章，还有很多教怎么做家长的文章。随着一些理念的传播，为人父母者怀有极大的担忧，担心搞砸孩子的人生。为了让孩子快乐健康地长大，许多父母在不知不觉中陷入了"完美主义"的倾向——生怕自己哪里做得不够好，而耽误了孩子的未来。

尤其当很多父母具有很高的学习意愿，期待从各种育儿理论中寻找科学方法，可各种碎片信息膨胀之时，似乎不仅没有解惑，反而带来了更为沉重的挫败感。因为各种理论甚为完美，可是用到自家身上却毫无效果，而在社交平台上看到别人家的孩子貌似样样都好，于是陷入了深深的自我怀疑中。

在我的咨询和授课工作中，许多家长都在问同一个问题："怎样才能做得足够好？我应该怎样做才不会犯错？"他们希望自己成为"完美"的家长——"我必须成为完美的父母，这样我的孩子才会完美；否则孩子会因为我的错误而终生受伤害。我需要尽量给孩子提供我能提供的一切物质、资源、经验与知识；不然我的孩子就会落后。"

就我自己而言，孩子小时候我也曾经在孩子的哺乳、喂养、疾病护理方面投入过大量的精力，学习了许多理论，进行甄别，不断实践和总结，再到后来学习儿童每一阶段的发展发育，但凡与育儿相关的文章、课程我都会找来看一看。转折点出现在老二出生的那几个月，因为忽然需要多照顾一个孩子，精力少了，我才发现其实养育老大的时候，有点"用力过猛"，失去了关系中的松弛感，失去了"享受"养育的部分。

并不是学习育儿知识不重要，而是在自我反思后，我发现自己在努力学习中包含着"完美主义倾向"：害怕自己做错以至于影响了孩子的发育和发展。这种完美主义倾向让人焦虑，从而阻碍了情感的自由流动，让我无法全身心地享受养育这件本该自然而然的事。

我当然爱我的孩子，我面对的那些家长朋友亦然。相信很多人同我一样，为人父母之后开始学习育儿知识，立志要比父辈们懂得更多的科学理念，避开那些不良的养育方式。但如果我们的努力是出于焦虑和恐惧，我们的心时刻被一种要成为"正确"父母的压力束缚住，又怎么会快乐和放松呢？

关于"完美"这个议题，所涉及的不仅是家长自己，还有我们的孩子。婴幼儿时期，人们会把孩子的发育状况当作衡量父母是否做得足够好的一个标准，到了学龄期，孩子的学习和表现又成为一个新的衡量标准。

试想一下，我们的脑海中是不是曾经有一个发展良好、努力学习的孩子的形象，然后我们用这些标准来要求现实中的孩子。有很多父母把孩子送到各种兴趣班，让他们学这个学那个。网上也经常有人晒所谓"牛娃"的时间表，精确到分钟，时间安排满到像个跨国企业的老总，而他们常常被用来当成其他孩子的参考系。还有人可能不"鸡娃"，也不吼孩子，对成绩没有要

求。但也还是时不时把孩子当成一个缩小版的成人来对待，期望他们举止礼貌、大方得体。

我们期待自己是完美的家长，也期待我们的孩子在完美家长的教育下成为一个完美的孩子。有一些家长会觉得："我自己已经做得非常用心了，但是为什么我的孩子还是不够好？"还有一些家长，他们有时候可能有点沮丧，觉得自己怎么做都不够好，而且自己的孩子各个方面表现也都不完美。甚至很多人一开始并没有意识到自己在育儿中有着尽善尽美的执念，却在周围媒体的炒作与其他家长的"内卷"下无形中掉入要求"完美孩子"的陷阱。

在本就不易的现实生活中，在这些重重参考标准的重压下，父母的身体和精神很难松弛下来。就算是平时性格再温柔的父母，如果长时间照顾孩子，也会忍不住吼孩子。这并不意味着他们对孩子没有关爱或是性格暴躁，只是有时候精疲力竭，情绪实在无法控制。在心理学中，这叫作养育倦怠（Parental Burnout）。

比利时心理学家Roskam和Mikolajczak教授认为养育倦怠通常会表现为：

- 对承担父母角色感到疲惫，对本不容易生气的事情越来越失去耐心，想到要为孩子做的事就想逃避现实；
- 觉得自己的能力不能胜任父母的角色，在育儿生活中充满挫败感；
- 与孩子情感疏远，在按部就班照顾和陪伴孩子的过程中，没有热情与动力，想把孩子交给其他养育者或者机构来照顾。

总的来说，就是感到与孩子在一起时"身体与精神都被掏空"。一辆燃油耗尽的车，如果没有加足够多的油，又如何继续行驶呢？

近些年由于新冠疫情蔓延而先后触发的居家隔离政策，更是加剧了这种养育倦怠。我就曾有一次疲惫到在马路边冲孩子发火，之后向朋友倾诉，朋友开玩笑说："不要随意评价那些在路上冲孩子发火的妈妈，那也许是一位累到不行的'育儿专家'。"换句话说，这种现象也很普遍，你我卷入旋涡也不足为奇。

但在我的工作和生活实践中，总在持续地思考，怎样让普普通通的父母们能够对自己、对家庭、对孩子更有信心，而不是不断地焦虑？怎么做才能从这种倦怠中解脱出来呢？我们多么渴望一种简单的育儿方式，没有那么多"应该"，不用追求完美，亲子双方都能享受其中。

● 聚焦亲子关系，简化育儿生活

在我学习的所有育儿理念中，最让人放松、愉悦，也让我深深受益的，就是游戏力（Playful Parenting）的养育理念了。

我的老师，美国心理学家、游戏治疗师劳伦斯·科恩博士在他的畅销书《游戏力》里面提到过：孩子们天生就生活在游戏世界，以游戏交流，在游戏中学习。所以当我们和孩子处在同一频道，用孩子的语言跟孩子沟通和交流，帮助他们成长，既有效，又有趣。

　　这里所提的游戏不是手机、电脑、电子游戏等缺乏与人互动的游戏，而指的是通过父母合理陪伴和引导孩子进行高质量游戏的时光，或者是在亲子互动中用游戏去解决共同遇到的挑战，从而使亲子关系能够得到改善，亲密需求得到充分满足，孩子身心更能得到健康发展。举个例子：

　　我儿子 2 岁的时候，有一天院子里一个四五岁的小哥哥想要抢他的汽车玩具，他一边喊着妈妈一边向我跑过来，我本能地想要去保护他，于是我上前一步，伸手在小哥哥前面一拦，说："嘀，请刷卡。"小哥哥看我伸手，愣了一下，我重复了一遍："嘀，从此处经过请刷卡。"小哥哥做了一个刷卡的动作，这时候我儿子已经逃走了。回头一看，小哥哥正在和妈妈玩刷卡的游戏呢，于是他也加入了刷卡游戏，一场抢玩具的斗争就这样化于无形。

　　还有一次，我要出差，俩娃表示舍不得我，怎么都不愿意睡觉。于是我们玩了一个游戏——躺在床上开脑洞想如何可以和妈妈在一起：

- 用魔法把俩娃变成小豆子放在妈妈口袋里带到出差的地方，再拿出来变大吃吃喝喝玩玩；
- 把妈妈存在他们心中的记忆盒子里，需要的时候拿出来；
- 吹个泡泡把妈妈放在泡泡里飘去出差的地方，然后泡泡爆炸妈妈就可以出来了；
- 把妈妈变小装在口袋里带到幼儿园；
- 爸爸开着车带着俩娃一起去妈妈出差的地方；
- 妈妈把爱拿出来放在毛绒玩具里陪着他们
　　……

很快他们就开心了起来，进入了甜蜜的梦乡。

是不是很有趣?

游戏式的养育方式之所以让人轻松，是因为它的核心在于关系。养育中最让人享受、愉悦的就是拥有美好的情感联结，孩子能感受到"父母是爱我的，是接纳我的"这样的感受，他们就会感觉到，即使遇到挑战的时候，也更容易与人合作，发展出自信大胆的品格。而我们作为家长，也能感受到孩子很依恋我们，他们很可爱，我们很喜欢他们，这样便更容易包容和理解他们。

而当这种联结断裂的时候，比如沮丧、害怕、生气等强烈的情绪会激起孩子的不安全感，孩子无法从美好的关系中感受到自己是被关爱和支持的，于是感到孤单和无助，进而出现问题行为。而我们家长此时需要做的，就是想办法修复这段关系，重新建立情感联结。关系好了，那个可爱的孩子自然就回来了。

而很多家长在面临这样的挑战时会去讲一些道理说服孩子。这些大道理有些时候确实会有效，但更多的时候，当家长这么做的时候，却收效甚微，孩子会一眼洞察大人的套路，他们反抗的，其实就是家长使用这些方法时隐藏的对孩子的控制，他们不想要这样的关系状态。而作为家长，其实大多数父母并不想，也不需要把自己搞成育儿专家，我们希望成为一个可以欢笑，可以有情绪，也可以玩耍的、有着真情实感的父母，而不是一个凡事都得按照道理和标准来的机器人父母。

这里的关键点就是，我们需要把互相对抗的关系变成一种合作的关系。作为家长，在这个普遍焦虑的大环境里，我们太需要放松了，放下严阵以待的心情，用一些好玩的、有趣的、游戏的方式和孩子互动，是非常有效的放松心情、建立合作的方式。游戏在孩子和成人之间建立了一种安全的关系，

在游戏的时间和空间里，孩子可以以他自己的方式和节奏做出自我表达。而我们成年人也需要游戏的心态，它让我们笑起来，在笑声中缓解了对抗的状态，让情绪放松，创造力就增强了，我们也会更容易找到合作和智慧的方式去迎接大大小小的挑战。

所以说，游戏力的养育方式简单就简单在它并不需要我们关心各种各样的行为标准，当挑战发生，我们最需要关心的，就是亲子之间的情感联结是不是足够。如果联结断裂了，也很正常，修复就好。它并不意味着你做得不够好，只是意味着这是接下来行动的方向。

跟孩子的关系是一个个小小的互动加在一起，才形成了一段关系。当然，家长不必期待其中每个互动都是完美的。有研究表明，和孩子关系好的家长和关系不好的家长都大约有 1/3 的互动是做得比较好的，但剩下的时间里，关系好的家长会意识到联结断裂了，然后回过头来再努力修复；而不好的关系中，则可能没有做足够的修复工作。

良好的关系，是孩子探索世界的安全基地，是孩子行为转变的动力；同时，拥有良好的关系也会让我们成为更自信的家长。

● 用游戏式的养育方式蓄满爱之杯

科恩博士在《游戏力》的书中有一个经典的比喻——每个孩子身体里，生来都有一个杯子，代表着对爱和安全感的需要。为了他们的成长，这个杯子需要被家长不断蓄满。当这个杯子空了，孩子就会出现各种挑战的行为，而当杯子被蓄满，孩子就会重新恢复合作的天性。

其实我们成人身体里也会有这样一个杯子，当杯子里装满良好的感受，我们就会在生活中充满耐心和爱心，当我们因为照顾家庭或者疲于工作而无法给自己蓄杯，杯子被倒空的时候，倦怠就发生了。

而无论对于孩子还是大人，游戏都是非常好的蓄杯方式。

从脑科学的角度来讲，游戏会促进分泌脑源性营养因子（Brain Derived Neurotrophic Factor, BDNF），BDNF 充足，会促进神经元生长与连接，以及脑内信息快速传送（也就是说会促进学习）；BDNF 缺乏，大脑会自行断绝跟外界的联结（会抑制学习和合作）。

而且除了思考，大脑也需要暂停工作，得到充分休息，而游戏不同于睡眠，它是一种积极的休息。研究表明，如果孩子们在学习后有机会进行游戏和休息，考试成绩就会比一直学习而不休息时更好。休息也是蓄杯的一种方式。

除此之外，游戏的时候，人们的身体会分泌多巴胺、血清张素等激素；它们就像大脑爱喝的"奶茶"一样，为人们带来愉悦和安全感，帮助控制情绪，停止焦虑，激发人的乐观、好奇心及自信心。

有句话说"享受游戏的儿童是健康的儿童"，在学校和幼儿园里，我们很容易观察到大量的儿童游戏。有独自玩游戏的，有合作玩游戏的。在游戏中有些孩子非常投入，全神贯注，像是在极认真地工作一样；而有些孩子表

情呆滞地看别的孩子游戏，还有的甚至破坏别人的游戏。这些现象很多都跟家庭的影响大有关系，跟家长在陪伴时有没有投入情感有关系。

说到这里，我不希望看到这些内容让你焦虑，本书中的一些方法、案例，是我亲身实践并且希望分享的一些观点、知识、游戏贴士。它们曾经帮到过我，也希望它能帮你找到一些理解孩子的角度和对应的灵感，让自己更轻松，更享受亲子关系。我希望这些知识成为对你的支持，而不是自我苛责的标尺。

所以，如果你想试试不一样的方法，试就好了。试过有用，就继续；没有效果，就调整；假如你意识到之前对孩子有什么不妥，就好好道个歉，修复联结。没有那么多绝对的条条框框。（当然养育中也有些不可逆的严重错误——遗弃、虐待、侮辱等，但我相信在读这本书的你应不至于此。同时，我们不必因为害怕犯错，错失了在正常家庭中的力量和灵活。）

这也是我特别热爱游戏力的原因，它的本质让人更放松、自由，解开了"完美主义"的枷锁，犯错也可以变成一个游戏（后面有章节会讲到）。不完美本就是人生常态，当父母放松、自在，让情绪自由流淌，减少自我苛责，才能够真正享受亲子关系和心灵的自由。

愿你不必全能、不必完美、不被束缚、不被定义，享受做父母的每一天！

● 你会和孩子玩吗?

很多父母有一个误区，就是认为"游戏只是小孩子做的事情"，或者认为"孩子应该自己玩，大人不用陪孩子玩"。在他们的亲子互动中，相当缺乏游戏的元素。（注意：我说的不是孩子缺乏游戏，而是你和孩子之间缺乏游戏的元素。）而还有一部分家长，有游戏的意识，但是缺乏游戏的能力，可以说是"不太会玩"。最常见的有三种场景：

第一种，父母的口头禅是："这样玩，这样玩，这样玩。"（"这个玩具要这样玩，那个玩具要那样玩。"）

家长倾向于教孩子怎么玩，是因为我们成人的固定思维，限制了我们的创造力和想象力。但孩子不一样。在他们看来，玩具本来就没有固定的玩法。在孩子的手中，一块长方形的积木，可以是盖房子的砖头，可以是铺路的枕木，也可以象征着某个小动物，还可以代表做游戏的小朋友。而家长主导过多，孩子自己发挥的空间比较少。家长告诉孩子玩什么，怎么玩，孩子就跟着家长的指令玩。离开了家长的指导，孩子就不知道怎么玩了。他们常常会叫家长："妈妈，你来陪我玩嘛！""爸爸，我们下面玩什么？"孩子的很多能力在无形中被破坏了，非常令人惋惜。

第二种，父母的口头禅是："玩这个，玩这个，玩这个。"（大人不停地说："你玩这个，这个很有意思。"孩子接过去，正玩得高兴，家长又在另一边呼唤："宝贝儿，快来，快来，这儿有个好玩的。"）

这种情况也很常见，家长玩得很起劲，特别想带动孩子，但是却没有关注到孩子在玩什么，而这样的打断，导致每一样东西孩子还没有深入研究，

就被家长叫走了。长此以往，会影响到孩子的专注力、自主选择力和深入探索的能力。

还有的时候，家长这样做，是因为家长觉得孩子玩一个东西太久了，不想让孩子错过更多的好东西，孩子自己在探索，但是家长自己不耐烦了，觉得够了。比如说我们经常看到孩子反反复复读一本书，读十几遍了，家长觉得好无聊啊。孩子和大人获取信息是不同的，对于大人来说，基本上是整体把握，反复读一本书、玩一个玩具，每次体验基本是一样的，就会觉得没意思。但孩子可不是，同样的内容，他们每玩一次关注点都不同，每一遍都有新鲜感，所以同样的玩具，他们每次都能玩出不同的花样来。同样一本书，每一次阅读时，理解层次都不一样。就像我们录手机的指纹锁，录入的时候一个指头需要扫描好多遍，每按一次，指纹信息就更完整一点，直到最后拼凑成完成指纹。蒙台梭利提出，反复练习是儿童的智力体操，反复进行练习，会完善儿童的心理感觉过程。

第三种，父母的口头禅是："这是什么，这是什么，这是什么？"
有一次我带孩子去游乐场，一个孩子在玩过家家的游戏。孩子拿着玩具菜刀，准备切水果和蔬菜。妈妈拿出一个胡萝卜，递给孩子："这是什么？"孩子回答："胡萝卜。"妈妈又拿过来一个土豆，问："这是什么呀，宝贝？"孩子回答："这是土豆。"妈妈再问，孩子不答，妈妈不停地追问。还有的要问英文怎么说、颜色是什么，让一场自由玩耍变成了一场有标准答案的考试。

还有一种情况也是非常类似，家长在和孩子一段非常好的沟通和互动之后，再来一个总结式的发言："所以说，我们要勇敢，要坚持，才会成功。"甚至还会让孩子提炼中心思想："刚才这个事情，你学习到了什么？"当孩子和家长希望的答案不一样的时候，家长就会去纠正。

成人往往觉得"游戏只是帮助孩子学习、认知的一种途径"，为了帮助孩子尽早适应社会，他们即使是在和孩子玩耍的时候，也带着很强的教育目的，过度强调认知，而忽视了情感方面的联结。

对于孩子们来讲，游戏是一种体验式的活动。英国的劳恩菲尔德医生曾经指出游戏的三个重要作用：第一，游戏是儿童和环境联系的方式，它与成人生活中工作的社会功能和本质是一样的；第二，游戏在儿童的意识和情感经历之间架起了一座桥梁，相当于对话、内省、哲学和宗教对成人的意义；第三，游戏使儿童的内心情感得以外化，其作用相当于艺术对成人的意义。

有句话说"享受游戏的儿童是健康的儿童"，在过程中，孩子去感受、去体会、去表达，自然而然就会有很多的感触，而这些真实的对于人际关系、情绪情感的体验——它们所能带来的深度学习远远大于成人刻意的说教。

第2章
了解孩子的心理发展特点

大人永远不知道小孩拥有多少神秘的超能力，
陪他们度过数不清的残酷时光。

——几米

孩子不是缩小版的成人。了解了孩子心理发展的特点，就能真正了解游戏对于孩子不可代替的特殊意义。本章从孩子游戏时的一些行为表现出发，介绍孩子的心理特点及其在养育中的应用。每节最后的"游戏工具箱"中，给出在和孩子的互动中如何结合孩子的心理特点和孩子更好地玩起来，进行更加有效的沟通。

● 孩子总是玩儿不停，会"玩物丧志"吗?

——游戏是孩子的全部工作

游戏是儿童的工作，而且绝不是微不足道的工作。

——阿尔弗雷德·阿德勒

传统的"游戏 / 学习（工作）"二元对立的价值观使人们仅仅把游戏看作娱乐：游戏不同于学习（工作），只有学习（工作）才是有价值的事情。经常看到有家长感叹："如果我家孩子能把玩的时间用在学习上，那得学得多好啊，整天就知道玩！甚至不吃饭不睡觉！纯属浪费时间！"他们往往觉得"玩"是微不足道的，不是"正事"，为了让孩子高效精进、学有所成，就不能让孩子在玩上浪费时间。自由玩耍的时间是可有可无的，是可以随时被挤压和侵占的。或者他们会把"玩"作为一种奖励的手段，只有孩子达到了某项条件和要求才可以赢得玩耍的时间。

还有的家长采纳了一部分教育学的视角，认可"玩"对于孩子来讲是很有吸引力的，认同"寓教于乐"是非常有效的学习方式，他们会将游戏看作为未来做的准备和练习，所以更强调有计划的、有目的的游戏。但是家长们很容易陷入的一个误区是：仅仅把玩看成一种达到学习目标的工具，玩的时候一定得"学点什么"，不带学习目标的玩就是"瞎玩"。在陪伴孩子玩耍时，往往带有很强的目标导向性。

从心理学的视角来看，游戏是一种随着孩子身心发展与变化自然而然出现的体验式活动，是支持孩子认识世界、参与日常生活的一种方式和资源。它复杂而主观，我们也许很难确切地对孩子的游戏进行解读，只能去推测孩子游戏的目的和意义。而即使我们成年人看不出来孩子游戏的目的和方向，但对于孩子来说，所有的游戏本身都是有目的和有意义的。

1. 孩子在游戏中拥有自主感，做自己生命的主人

我想邀请你想象一下：你刚刚过了糟糕的一天，然后，你获得了一把钥匙——开启了一个通道，瞬间转移到另一个空间。这个空间是你的地盘，你想做什么，自己说了算。假如有这样一把钥匙的存在，你希望拥有吗？你对这个空间有什么样的感觉？

是不是好希望真的有这样一把钥匙就好了，希望有这样一个地方，心累的时候能够在里面补充能量，然后回到现实世界重新出发。

孩子的游戏世界，其实就是这样一个神奇的空间。在这里，孩子们可以自由自在地表达自我、探索、学习，以及理解世界等内在需求。在这里，孩子可以自己选择，追随自己的本能。在这里，孩子们享有极大的自由和自主，不受成人的支配。在这里，孩子可以成为想成为的任何角色：老师、小

偷、超人、僵尸或者一条狗……借由游戏，他们探索自己的情感、建构自己的意义、做出自己的决定，为后续的发展打基础。这种自主的选择、探索、交往、创造和挑战，是他们生活的重要组成部分，是"活着"的意义和养料，对他们的发展至关重要。

有位妈妈告诉我，她刚上三年级的女儿做事情特别慢，看起来对什么都没有兴趣。一问得知：孩子一周要上五种课后班，包括舞蹈、画画这种看似只是素质教育的课程，但从时间表上来看，孩子一周基本上没有什么留白的时间，虽说都是当时自己答应要学的课后班，但真正开课了却老是说不想去。

咨询过后，妈妈跟孩子调整了时间，一周辟出两次整块的自由玩耍的时间，让孩子可以自主地安排。一个月以后，就看到了明显的变化——孩子开始更多地说笑，做事情更有活力和主动性了。

孩子在由成人主导的现实生活中，可以自己做主、伸张自由意志的机会并不多，他们会遭遇很多的挫折、无力感，如果没有自主感的滋养，他们就像未浸水的海绵一样逐渐干涸僵硬，但当他们充分地享受游戏之后，状态就会焕然一新，浑身充满能量。他们仿佛像海绵一样，从游戏的空间汲取了信心和复原的能量。而这个过程是需要时间的，我们需要给孩子留白，让他们有机会沉浸在游戏和游戏带来的感觉中。可以说，自主游戏的时间是儿童心理健康的必需品。

2. 孩子在游戏中拥有创造性的解决问题的能力

孩子用于解决问题和化解冲突的最本能和直接的方法就是游戏。在游戏的过程中，他们可以控制世界、消除误解和重新感知生活。

比方说，一个孩子认为他的卧室里藏着一些怪兽，到了夜里它就会跑出来，对此他非常害怕。于是在白天的时候，这个孩子就会把他想象中的怪兽画出来，然后把它们都撕碎或者打败。虽然他自己并未意识到，但其实他正在用这样的游戏方式探究和解决问题，并最终战胜恐惧。对于他遇到的其他挑战，也可以采用同样的办法予以解决。

而且，在没有时间限制、没有标准答案、没有挫折、没有一定要符合某种期待的压力下，孩子通过自发的游戏去实验和探索他们所拥有的素材，会发展出抗逆力、独立解决问题等关键技能。

美国科罗拉多大学博尔德分校的进化生物学家马克·贝科夫认为，"玩耍就像个万花筒"，具有随机性和创造性——玩耍能提升孩子的灵活性和创造性，当他们遇到意外情况或处于新环境时，将更具竞争优势。

如果你观察孩子的游戏，会发现即使是一块简简单单的木板，也会有无数种我们大人想不到的玩法——可以当作遮风挡雨的屋顶，可以搭建一座小桥，可以用来滑滑梯，可以充当跷跷板，可以运送货物，可以视为城墙……在游戏中，孩子可以勇敢地用自己的方式表达、创造、探索，这是创造力生长的最好的土壤。

俄国心理学家维果斯基说过："在游戏中，孩子会变得更成熟。"孩子能够在游戏中锻炼自己的想象力、新技能，用自己的方法解决问题，便显得比平时更加成熟。

我女儿 5 岁的时候，有次和弟弟一起在房内玩过家家，我有事要跟女儿说，让她单独出来一下。有趣的是，她跟弟弟喊道："弟弟！我要出门办点事，外面有龙卷风！你千万不要出来！关好门等我回来！"平时像小跟屁虫一样的弟弟，此时"咣"的一声把门关上了，直到姐姐回去才把门打开。

研究表明，游戏玩得多的孩子，往往语言能力发育更快，社交能力更强，更具有领导能力。会假装与想象的孩子与不玩此类游戏的孩子相比，认知水平、智力发展、解决问题的能力，都会逐渐显示出明显的差异。

3. 孩子在游戏中了解和认识世界，学会与他人的关系

加州大学的心理学教授艾莉森·高普尼克认为：孩子自发玩耍的方式与科学家做研究的思维非常相似——观察、假设、推理、实验、求证，由此形成对于周遭世界的因果脉络图，并对其可能性保持足够开放的态度——这是最有效的探索世界是怎么运行的方式。

譬如说，在 2 岁以后，孩子就开始玩假装游戏。假装妈妈、爸爸、警察、奥特曼等，10 岁以下的孩子，每天会玩大量的情景游戏，体验各种职业、好人坏人、强者与弱者，他们在游戏中了解这个世界、人与人之间的关系是如何运行的。而且往往一个情境还会反复地玩，不同的年龄阶段，玩的复杂程度和丰富程度不一样。每过一个阶段，他们的程度就会提升一截。

我女儿四五岁的时候，开始喜欢玩交换的游戏，不喜欢的、多余的玩具就拿去和弟弟交换，一开始只是简单地以物易物、以一换一，后来两个人基本把所有的玩具甚至水杯餐具都交换了一遍甚至几遍，弄得我几乎每次盛饭都得问他们：今天这个碗盘到底是谁的呀？他们就要给我讲解好一阵，颇为有趣。

后来随着他们长大，有了数的概念，自然而然地开始计算交换的东西是否等值，每次讨论一个东西交换起来是否划算就要花不少时间，在这个过程中他们会不断说服对方自己的东西更有价值。弟弟年龄小，在大人看来他在讨价还价中总是吃亏些，但是随着能力的发展，他也慢慢发展出了自己的判断和拒绝的方式，而姐姐发展出了越来越强的说服能力。

再后来他们会写字了，于是诞生了他们自己的货币，交换时就用他们自己的货币单位进行，平时互相帮个小忙或表达感激时，也会用他们自己的货币进行相应的结算，犯了错误也会用他们自己的货币进行赔偿。慢慢地，竟然诞生出了一套属于他们俩自己的、相对完整的经济规则。

通过这样的游戏，孩子非常享受，获得了很多的乐趣，同时也熟悉了交易的本质，了解了简单的经济学视角。是不是很有趣，而且与时俱进？

4. 孩子在游戏中表达想法和情感，化解遭遇和痛苦

还有的时候，我们会发现，孩子心情不好的时候，经常会哭闹、拳打脚踢。家长很容易指责孩子："你想要你就说嘛，你不说我怎么知道？"我们希望孩子能成熟一点、理智一点，会用语言表达自己的需求。有时家长会很恼火："平常说话说得好好的，为什么关键时候就不说了呢？"

其实，这是因为孩子说不出来呀！孩子的语言能力和情绪控制能力的发展是不同步的。儿童的大脑发育有个特点——主管情绪的那部分发展得很快，所以各种喜怒哀乐的情绪一点都不比大人少，但是主管理智的那部分发展很慢，要到 20 多岁才能发育成熟，所以他们用语言表达情绪、抑制冲动的能力都有待提高。加上很多情绪太过强烈，实在无法用语言来表达。就会出现"无理取闹"的情况。

劳伦斯·科恩博士说：孩子在游戏的过程中，他们的大脑在迅速发育。帮助孩子慢慢从用最初直接的行为（哭闹、踢打等）反应，过渡到用游戏表达情绪，再到最终用语言表达自己的情绪和需求。这时游戏就像一架通往情绪表达最高阶段的梯子，成为孩子情商发展、表达自我的重要媒介。

心理学家皮亚杰认为，游戏为儿童提供了一个"情绪实验室"，对情绪能力的发展至关重要。游戏在主观与客观、具体与抽象以及非言语与言语之间架起了一座宝贵的桥梁。发展心理学家艾瑞克·艾瑞克森也相信，儿童可以借助游戏"弥补失败、痛苦和挫折给他们造成的伤害，特别是在他们的语言表达能力有限时"。

我儿子2岁的时候，有一次，我出差六天。回到家之后我陪他玩，玩着玩着，他从我身边走开，对我说："妈妈，你哭吧，哭吧！"我就按照他的要求，假装哭泣，一边说："不要走，我舍不得你！"就好像我出差的时候他舍不得我那样。他看到我哭，就笑嘻嘻地走开了，在离我几米远的地方，溜达了一会儿，摘了一根草，又折回身来："给你带个礼物。"然后他就又走开，又指挥我哭，这样循环了七八次，可能他觉得："是时候了，我放过你，你也放过我，我们两个两不相欠吧！"就留在我身边跟我一起玩了。玩完了这个游戏之后，明显感觉得孩子的情绪状态好了很多。

孩子自发地发起游戏，妈妈配合演出，在其中孩子释放了自己的情绪，重新和妈妈建立了联结。如同游戏治疗大师加里·兰德雷思博士所说："如果游戏能被看作儿童自然的交流方式，它就可以充分发挥作用。相较于语言，儿童通过他们即兴随意的游戏能够更直接、准确地表达他们的想法和情感，因为在做游戏时，他们处于一种更自在和放松的状态，所以此时他们流露出的一切更纯粹和本真，也更具有自我疗愈的能力。"

甚至在遭受创伤之后，孩子也会通过游戏的方式自我安抚。美国德州曾有一位仅 18 个月大的小女孩掉进一口废弃的井里。当营救人员最终找到女孩时，她竟然在黑暗的井底轻声地唱歌。

而历史的记载也显示，每个时代的儿童都会用游戏的形式来化解其在现实世界中遭遇的不幸。例如，"二战"时犹太人遭遇到大屠杀，在奥斯威辛集中营里，孩子们虽然目睹战争的恐怖并且随时面临死亡，可他们依然在一起做游戏。在 2020 年新冠疫情暴发、人人居家隔离的时候，我也曾观察到孩子们在自发的游戏中加入了很多打败病毒以及救护救援的元素。孩子们不仅用这些游戏安慰自己，也是在为现实世界里失去控制的部分维持秩序感和意义感的平衡。

每个孩子都不可能完全一帆风顺，他们也不一定每次都能得到成年人及时的帮助和支持。而游戏给孩子创造了自我疗愈、化解情绪的时间和空间，承载着孩子们生活中那些无法满足的东西，帮助他们安放那些在成人世界里无处安放的需求。

英国的劳恩菲尔德医生曾经指出游戏的三个重要作用：第一，游戏是儿童和环境联系的方式，它与成人生活中"工作"的社会功能和本质是一样的；第二，游戏在儿童的意识和情感经历之间架起了一座桥梁，相当于"对话、内省、哲学和宗教"对成人的意义；第三，游戏使儿童的内心情感得以外化，其作用相当于"艺术"对成人的意义。

当你了解到游戏对孩子的意义后，是否能更好地理解孩子的"玩不够"呢？对他们来说，游戏如同吃饭和睡觉一样，是最基本的需求，是他们心理健康的必需品，也是他们应有的权利。有句话说"享受游戏的儿童是健康的儿童"，在游戏过程中，孩子去感受、去体会、去表达，自然而然就会有很多的感触，而这些真实的对于万事万物、人际关系、情绪情感的探索、验证和理解，它所能带来的深度学习远远大于成人刻意的说教。

自由玩耍

自由玩耍是指孩子主动发动的游戏活动，以"玩"为目的，而并非因为这样或那样外在的"意义"，在过程中孩子自由选择而并非被安排、被控制。

成人在自由玩耍中的作用：

- 保证孩子生活中有充足的留白时间
- 提供玩耍的空间，保障环境的安全，有充分的玩耍材料、道具
- 如果可以，给予孩子积极的关注，观察、参加、跟随，而不是评判、干涉（第3章会有更进一步的解释）

● 孩子记住了就能做到吗?

——具象的体验是孩子理解世界的方式

很多家长会有这样的困惑:给孩子反反复复地讲为什么要这样,孩子明明好像知道了,可是又不按照我们说的去做。举个例子:

我女儿2岁多的时候,有次我和奶奶带她去公园玩,我当时怀着老二,孩子就缠着让奶奶抱,奶奶抱了好久走不动了,想让她下来,告诉她说奶奶很累很热,下来走对她的身体好。可无论怎么说,孩子还是各种耍赖不愿意下来。

我问她:"你是不是很喜欢被抱着的感觉?"孩子点点头。我说:"嗯,妈妈知道这种感觉很幸福。现在奶奶有点累了。我们来玩个游戏吧!你是想像小老鼠一样轻轻地下来走,或者像小熊一样一摇一摆地走,还是像小兔子一样一蹦一跳地下来走呢?"孩子笑了,脱开了奶奶的怀抱,自己下来跑了,一边说着:"我要像风一样快快跑!"接下来全程都是自己走的,没有让大人抱一下。

这个例子里,我做了两件事情:首先,清晰具体地说出了孩子的感受,跟孩子建立了情感联结,接着用了一个游戏式、形象化的方式,呈现了几个很有画面感的选项,孩子就愿意行动了。这就是让孩子愿意合作的诀窍——情感联结,让亲子之间的关系有温度、孩子愿意听;具体形象而有趣的选项,让孩子听得懂、愿意做。这两者都必不可少。

为什么会这样呢？这跟孩子认知发展的特点有关，他们需要通过具体形象的方式来进行理解和表达，并且付诸操作。瑞士儿童心理学家皮亚杰认为，儿童的认知发展可以分为四个阶段：

● 感知运动阶段（0~2岁）：孩子通过感觉（例如：视听触味嗅）和运动来认识世界。在这个阶段，孩子通过重复练习性的游戏来获得新的技能。他们可能会不断地把玩具扔在地上来练习动作技能，也可能会反复地问："这是什么？"来练习"提问"。这些对他们来说都是游戏。

● 前运算阶段（2~7岁）：孩子开始从具体动作中摆脱出来，可以凭借替代物（动作、语言、物品等）的帮助再现不在眼前的事物或情景，也就是说可以开始玩"假装游戏"了，但这些内容很大程度上还是取决于自身的体验。他们会在假装游戏中重现生活中的所见，比如假装给娃娃喂饭，也会张开胳膊假装自己是架小飞机，会用一块木头去代替一个小动物。而且在这个阶段，他们会以自己的兴趣为中心，不去考虑代替物是否符合逻辑（例如，木块是否适合被当作动物）。上面的例子中，我就是利用这一特点邀请孩子从奶奶怀里下来的。
这个阶段孩子对问题的理解也相对比较浅表。他们记忆力极好，看到什么、接触到什么，就能记住和模仿，大人讲的道理他们也可以复述，但还没有形成对事物本质的理解。比如说有的孩子看到书上画的、动画片里演的坏人都戴墨镜，就认为坏人一定会戴墨镜。这时候你跟他反复说戴墨镜的不一定是好人，坏人也不一定都戴墨镜，他明明记住了，可是到实际生活中还是不会运用。只有跟他把这个场景进行角色扮演，有了具体体验，他才能慢慢形成理解。

● 具体运算阶段（7~12 岁）：这一阶段的孩子通过前一个阶段的练习，摆脱了对当前物理环境的依赖。他们能够从一个概念的各种变化中抓住本质，但一般还需要依托具体事物的支持。比如我们可以看到小学教材中总会出现圆片、木棒等具体的事物来帮助孩子理解抽象的数学规律。在这个阶段，规则游戏开始出现，通过规则游戏中实际的操作，孩子越来越理解抽象的社会规则的意义（如公平、公正、互惠互利等）。

● 形式运算阶段（12 岁 +）。孩子可以脱离具体事物，根据假设来进行抽象的逻辑思维和推理。在具体运算阶段，孩子更依赖具体形象的事物来进行对道理的解释；而在形式运算阶段，孩子可以形成自己的假设，依托假设来检验自己的逻辑，也就是生成自己的道理。

正如维果斯基所说："形象思维是达到更高的智力水平（抽象的逻辑思维）的基础。"我们可以看到，孩子在 12 岁以前，抽象推理的能力并未成熟。而与孩子们用游戏来表达的世界相比，语言是更具有抽象性的一种表达方式，仅仅通过抽象的道理去说服和要求孩子是非常困难的。

而在游戏中，一种物品可以被另一种物品代替，这就是在形成象征性的思维，帮助孩子们把具体体验与抽象思考结合起来。游戏能让孩子们具体形象地表达他们的内心世界，因此，游戏式的互动当仁不让地成为跟孩子沟通时正确的对接方式。心理咨询师维吉尼亚·阿克斯莱说："如果我们不懂得变通，不能接受孩子的奇思妙想，一定要让他们按部就班地照着成人的构思进行交流，那么很可能会让沟通无法继续下去。"

在和家长们工作的过程中，我发现很多大人跟孩子讲道理、提要求的方式是比较抽象的，比如："不要在公众场合大喊大叫，要有礼貌。"这个要求就涉及几个抽象的概念：什么是"公众场合"，怎么算"大喊大叫"，什么是"有礼貌"，为什么在公共场合就不能大声说话。这些在我们大人看来很好理解的一些概念对于孩子来说其实太过抽象了，就算他们认同我们的道理，但想要把那些通常只存在于头脑中的抽象概念转化成现实世界可操作的行动，对他们来说也并不容易。所以作为家长，我们需要用具体形象的方式帮助孩子把抽象概念"变成"看得见、摸得着的东西，孩子就更好理解了，也更容易配合。比如你可以悄声跟孩子说："像我这样说话。"他马上就会压低声音，如果能加上："现在假装我们是隐身人，大声说话就会被巡逻人发现，我们要压低声音不被发现。"就更容易成功了。

"时间"就是一个很抽象的概念。有时候大人做事，想让孩子安静五分钟，跟他说"等一下"，往往等不了一分钟就开始吵闹了，如果跟他说："你可不可以帮妈妈看着那个表，长针指到6的时候妈妈就来找你。"或者"音箱播放两首歌以后妈妈就来找你。"还有的家庭会用沙漏计时，让孩子形象直观地感受到5分钟到底有多长，效果好过让他遥遥无期地等待。

像"认真"这样的态度，也是抽象的概念。比如家长想让孩子认真检查自己的作业，孩子态度却不认真，我们可以跟他玩"警察抓小偷"的游戏：孩子假装是警察，错题就是小偷，警察需要把小偷捉出来。这也是通过形象的游戏，帮助孩子进入"认真"的状态里去。比我们不停地在旁边说："要认真审题，要仔细检查！"效果好很多。

还有一些性格品质，比如懒惰、勤劳，我们不希望总是用"你这个孩子怎么这么懒，看×××怎么那么勤劳"这种"贴标签"的方式，让孩子认为"我就是一个懒惰的人，始终不如别人"。有一套《奇先生妙小姐》的绘本，里面就用了拟人的方式，把懒惰、好奇等抽象的性格品质，形象化为"懒惰先生""好奇小姐"等人物的故事，让小朋友明白了像懒惰这样的习惯会产生什么后果，又形象又有趣，妈妈再也不用说"你怎么这么懒惰"了，倒是可以打趣说："你现在可有点像懒惰先生啊！"

除此之外，情绪其实也是很抽象的一个概念。有时候我们想表达我们的底线，表达我们已经很生气了，快到要发火的状态了，要是只跟孩子说"我要生气了"，他们多半会再试探试探你，看家长是不是真的到底线了。这个时候，可以跟他比画："我的生气像西瓜那么大的时候我就忍不住要发火了！我现在的生气已经有哈密瓜这么大了！我需要一点时间冷静一下。"他们就会直观地感受到他们离家长的底线有多近了，也能够更加及时地调整自己的行为。（前提是这是对于自己情绪真实的描述，不是夸张的故意威胁）

当我们想让孩子冷静下来，与其说"冷静一下"，不如抱住孩子，教他深呼吸："就像吹蜡烛那样——一根蜡烛、两根蜡烛，多几根蜡烛……"当孩子把注意力聚焦在吹蜡烛这样非常具体形象的操作上时，就更加容易跟着去做，从而得到平复。

我们想让孩子真正理解我们讲的道理，仅仅重复很多遍是没用的，要给孩子创造可以内化这些道理的体验。孩子不是一个机器人，而是会根据自己的经验进行自我加工和处理，然后再表达出来。

有一次我们全家和朋友全家一起去野餐，一群孩子在包里发现了好些听装的汽水，抢着打开喝，由于前期的争抢和晃动，打开时汽水随着大量的气泡涌了出来。孩子们平时喝的都是静置过的汽水，一时间不明所以，投来不知所措的目光。于是我拿了一瓶，一边演示一边跟孩子们解释："这罐汽水就像一个忙忙碌碌的妈妈一样，平时承受了很多压力，里面就会有很多气

没来得及放出来，刚才你们把它晃来晃去的时候，就像一直有很多事烦她，她没有时间冷静下来，这个时候打开会怎样呢？"孩子们异口同声地说："发脾气！""是啊，所以我们不要着急，要给她一点时间冷静一下，再打开。"说着静置了一会儿才打开汽水："看，没有发脾气吧？"孩子们都笑了。接着他们都学会了要让汽水"冷静"一会儿再打开。

有趣的是，过了几天，有次我在家快要发火了，儿子牵着我的手把我带到沙发上坐下，说："妈妈，你就像那瓶饮料，这是冰箱，你在这冷静一下。"一下子把我逗笑了，情绪也像那些气泡一样散开了。

通过汽水这个比喻，不用再多说什么，孩子已经领悟到了情绪的起落。如果我们直接把人要如何冷静下来这个道理讲给孩子听，可能效果截然不同。

这是一个吸收信息和再创造的过程。孩子需要可以内化这些道理的具象的体验，帮助他们把听见的道理转化为可操作性的行动，从而逐渐形成更稳定的价值观和思考。

也正是游戏带来的象征性功能，开启了孩子的自信心，让他们开始学着相信自己的感觉，相信自己的能力，去发现这个世界的规律，以及和它们相处的方式。

隐喻

隐喻是将一种事物用另一种事物来表达的思维过程。借助有形的物品或道具（例如上文中的汽水），可以将抽象概念转换为能看到、触摸和玩耍的具体表现形式，使得孩子更容易理解。

隐喻有两个主要的应用：

● 自我表达：用有形的物品或道具表达用文字难以充分解释的问题、渴望和情感。

● 学习新知识：帮助儿童理解难以理解的事物和道理，与生活中经历过的熟悉的图像联系起来。有趣的隐喻也可以提高孩子参与的兴趣。

孩子为什么喜欢对玩具说话?

——玩具是进入想象世界的抓手

也许你会观察到，孩子一个人玩的时候，常常会跟玩具自言自语，念念有词。年纪小的时候会觉得孩子这样做挺新鲜可爱，可是时间长了不少家长就开始担心：玩具毕竟不是活的东西，这样下去会不会对孩子的心理发展产生影响？

我们需要意识到，孩子不是缩小版的成人，他们会这样做，是因为他们有着属于这个阶段独特的心理特点——泛灵心理。

儿童心理学家皮亚杰提出，孩子普遍具有泛灵心理。也就是说，孩子会把一切东西都视为有生命、有思想、有感情的，他们会与玩具"谈心"，与洋娃娃、动物玩具游戏、交谈。甚至会把小布偶当作自己的好朋友。这是2 ~ 7岁的孩子普遍存在的一种独特的心理现象。随着孩子年龄增长，对于生命体的界定范围会越来越小。比如，6~8岁的时候，孩子会把有生命的范围限制在能活动的事物；8岁以后开始把有生命的范围限于自己能活动的东西；更晚些时候才会将生命体的范围限定为动物和植物。当然，现在的孩子普遍在认知发育上比皮亚杰时期的普遍情况更加提前一些，但泛灵心理依旧是孩子发展过程中出现的一种自然现象，是不可逾越的必经阶段。

这种心理经常会给家长带来一些挑战。比如，不小心把玩具弄坏了，非坚持只要原来那个。在他们心中，这个玩具已经被代入为一个有情感的生命。但当我们了解了孩子的这个心理特征，放下大人的观念，从孩子的视角看待问题、解决问题，往往会起到事半功倍的效果。

我课上有一位妈妈分享过一个案例：她给孩子买了一个气球，但气球不小心飞走了，孩子伤心地哭了。妈妈问孩子："你喜欢的气球飞了你很伤心是不是？"孩子点点头。于是妈妈问道："你觉得气球想要飞到什么地方去呢？"孩子说："飞到月亮上去了。"妈妈说："那我们给气球写封信寄到月亮上去吧。"于是妈妈和孩子一起写了一封信，跟气球告别，祝福气球在月亮上过得愉快。

是不是很有趣呢？既然在孩子眼里万物都有生命，那我们和孩子沟通的时候，就需要更有童心一些，才能走进孩子的世界。像《晚安，月亮》《分针大冒险》等绘本，采用了"拟人"的口吻，就非常容易让孩子有代入感。

利用这个特点，我们也可以用"拟人"的方法来帮助孩子去接受比较抽象的原理和道理。比如说家喻户晓的绘本《肚子里有个火车站》，把肚子里的消化细菌比作精灵，用小精灵的口吻讲了食物进到肚子里以后发生的故事，帮助孩子理解身体的结构、健康饮食的必要性，就比干巴巴地说"要细嚼慢咽、要均衡饮食，这个有营养"效果好得多。

类似的方式也可以让孩子的日常生活更有趣，更容易赢得孩子的配合。

吃饭的时候，"化身"为饭菜："我今天要去肚子里探险喽！我要在嘴巴里转个圈圈，然后顺着食道滑滑梯，滑到一个黑乎乎的迷宫里去。"

刷牙的时候配音："我是一把小牙刷，我现在要去小朋友嘴里寻宝啦！咦，这里居然有一个肉丝，让我把你揪出来！"

这样吃饭刷牙，哪个小朋友不喜欢呢？这种方法还可以用来解决孩子之间的冲突。

有一次，两个孩子争抢一个可爱的海豚玩具，于是我假装海豚的口吻说："啊，好疼啊！怎么好像有两个大怪兽在拽我！让我仔细看看怎么回事。原来是两个小朋友啊！他们都这么喜欢我，我好为难啊。怎么办呀，怎么办？"俩孩子一听，停了下来，商量了半天达成一致：每5分钟换一个人来玩。俩孩子都满意了。

除了小小朋友的日常生活，大孩子的一些困扰也可以用拟人的方式来互动。

比如，孩子在做作业，遇到了一道数学难题。思考了一会儿，还没有思路，有点烦躁。我们可以过去安慰一下："遇到拦路虎了？来，休息会儿，玩个游戏。""我现在是一道超级难的数学题，我才不相信你能抓住我呢！"在追与逃的游戏中，孩子哈哈大笑，释放了压力，就又可以回到他的学习中去了。

虽然孩子大了以后，并不会真的相信"数学题"会说话，可这样的互动方式，会给学习生活增添一些轻松有趣的元素，是亲子关系的润滑剂，也会让紧张的情绪放松下来，创造性的思路自然而然也会浮现出来。

在所有玩具中，孩子通常对玩偶格外青睐——木偶、布偶、手偶，塑料做的动物、人物，等等。一方面因为玩偶可以提供丰富的角色形象，另一方面也因为玩偶可以允许孩子将自己的内在特点转移在角色身上，从而帮助孩子表达情感。在和玩偶一起的角色扮演中，孩子可以重演让他们感到焦虑的事情和关系，尝试新的更具有适应性的行为。

玩偶为孩子提供安全的心理距离来表达自己的内心世界。孩子会把平时不能或不愿意用语言表达的想法、感受和需求通过玩偶的口吻表达出来，这样，即使玩偶说错了什么、做错了什么，错的是玩偶而不是孩子。他们甚至可以用玩偶安全地表达对他人的负面情绪，而不用担心被批评、被报复。

比如，我常常在我家弟弟的游戏里看到有两只同类的动物，在现实世界里，他一般会认为个头更大的更厉害，但是在他的游戏中，常常是小的那只比较聪明、灵活，也更会想办法。在游戏里，通过玩偶，满足了他作为小小孩也想要强大有力量的一面。在游戏里，他操纵的玩偶可以凶猛，可以霸道，可以更有攻击性，而这些都是在现实世界里不被允许的。在游戏里，这些平时难以充分表达的部分得以安放。

我们也可以用玩偶表达建设性的批评。玩偶的间接反馈比家长直接的批评更容易接受。

当孩子说一些粗鲁的话时，玩偶可以在旁边说："哇，这样说可不好听哟！"当孩子做事半途而废时，玩偶可以在旁边说："哈哈，这次我可要赢啦！"孩子往往会重整旗鼓，摩拳擦掌地要再接再厉。

还可以用孩子喜欢的手偶来帮助孩子表达感受，跟孩子共情。

有一天我儿子早上醒来，赖在床上不下来，我用一个小狗的手偶贴在孩子肚子上，假装这只会"听心术"的小狗能听见孩子心里的声音："哎呀，我想起来去学校玩，又舍不得离开家、离开妈妈，只好赖在床上。看妈妈拿我怎么办！"孩子一听笑了，一骨碌起来，跑客厅吃早饭去了。

我们还可以用玩偶的方式将孩子正在经历的问题拟人化，让他们可以把自己可以和这个问题剥离开——"问题才是问题，人不是问题"，当问题到了玩偶的身上而不是他们自己的身上，他们可以通过操纵玩偶，在想象中获得对问题的控制，从而拥有改写问题和自我修复的能力。

女儿小时候有段时间怕生，见了人不愿意打招呼，家人把孩子带出去的时候会向别人解释"孩子有点胆小、怕生、害羞"，没想到接下来但凡有人问她为什么不愿意打招呼，她就会说因为"我胆小、怕生、害羞"，当她认定自己是这样的人，更不愿意改变了，而且这个行为开始泛化，本来只是打招呼，后来变得干什么都"胆小怕生、害羞"。她有很多动物玩偶，于是我们玩起了打招呼的游戏，小动物们排着队来看望她："你好啊，宝宝，你想用什么方式和我打招呼呀？"不同性格的动物有着不同的打招呼方式：聒噪的青蛙喜欢用呱呱的方式打招呼，可爱的小北极熊喜欢用转转耳朵的方式打招呼，热情的小熊喜欢用拥抱的方式打招呼，大方的小鸡喜欢用拍拍翅膀的方式打招呼，害羞的小狮子喜欢用把脸埋在鬃毛里的方式打招呼，等等，孩子也会用不同的方式和小动物们打招呼、玩耍。慢慢地，她不再害怕打招呼，也不再认为自己"胆小怕生、害羞"了。

当孩子认为问题是她性格的一部分时，容易产生内疚感和羞耻感，也很难调用自己的心理能量进行改变，利用玩偶将问题的焦点转移到孩子之外，转移到玩偶身上，可以减轻责备和内疚的压力，孩子从问题中获得心理距离，就把孩子从"我有问题、我是个问题"的无力感中解救出来，帮助孩子调动自己内在的资源去促成问题的解决，或者增加他们解决问题的参与度。风靡全国的巧虎也是利用这个原理来帮助孩子外化问题、培养好性格、养成好习惯的。

要注意的一点是，有些家长会利用孩子这个特点，引发负疚感、羞耻感或者恐惧感，来达到让孩子听话的目的。比如用玩偶的口吻去嘲笑孩子、恐吓孩子、威胁孩子，这是我们不提倡的。我们需要谨记：了解孩子的心理特点，是为了更好地理解孩子，并支持孩子理解这个世界，而不是用来操纵和控制孩子。

外化

外化是指将某些内在的东西转化为外部的东西。外化能让孩子把内在的问题（例如上文中的胆小、怕生、害羞）转移到游戏对象上，以便孩子可以与其互动并在想象中获得对其的控制，这使得孩子能够减轻压力、进行改变并自我修复。

首先，家长可以和孩子共同创造一个代表问题的角色，通过绘画、泥塑、指定一个玩偶并命名的方式将这个代表问题的角色具体化。

接着，与这个角色互动，例如和这个角色对话、游戏，如果是绘画作品，还可以撕掉、揉捏或者剪开重新拼贴，等等，帮助孩子做出新的解决问题的尝试。

● 讲一堆道理不如讲一个故事？

——故事有深入内心的强大力量

除食物、住所和陪伴之外，故事是我们在世界上最需要的东西。

——菲利普·普尔曼（英国作家）

讲故事是人类的传统。自古以来人们就知道，故事具有疗愈心灵的智慧。在人类数千年的历史中，流传下来的故事不计其数，涉及的领域也数不胜数，给听故事的人带来希望和勇气，赋予他们面对艰难和困苦的力量，也支持他们继续找到前进的道路。

同时，故事也为从现实世界通往孩子的想象世界，搭建了一座想象力之桥。《故事知道怎么办》的作者苏珊·佩罗说："对于孩子来说，想象的世界与精神世界就如同物质世界、日常生活一样真实。孩子似乎有能力在想象之桥来回穿梭，而大多数成人则举步维艰地跋涉于两个王国之间，像多足毛毛虫一样笨重。"

故事，往往是串起游戏的一条项链；跟孩子讲故事，是大人走近孩子必备的法宝。很多家长都会与孩子一起阅读绘本故事、童话故事等，这些图画书往往绘制精美，语言精练，非常富有美感和启迪意义。

我儿子晚上不肯睡觉，怕睡觉要跟妈妈分开。我给他讲了绘本故事《看不见的线》，故事讲了在相爱的人中间都有一根隐形的线，即使人没在身边，心是联结的。听完之后，他晚上睡觉时会把房门开一条小缝，让"隐形的线"可以通过，就愿意躺下睡了。

女儿有段时间总是想要东西，一会儿想要这个一会儿又想要那个。有一天我跟她讲了童话《渔夫和金鱼》的故事。听完以后，她自己不好意思地笑了，说："我有时候就像故事里要了这个还要那个的老太婆。"

故事对孩子的影响，是潜移默化的。其实不光是孩子，我们每个人的内心有很多的体验、感受和记忆，散落和储存在内心和身体里。在每一个时刻，我们只能留意到其中一部分；另一部分我们虽然没有留意到，但它也是存在的。当孩子讲故事的时候，就会有意无意地把内心的这些东西表达出来；而当孩子听故事的时候，孩子也就是在和自己的内心积极主动地进行沟通和互动。

我和女儿经常玩一个相互讲故事的游戏，或者叫故事接龙，她讲一段儿，我接着她的讲一段儿，她再接着我的讲。

她 5 岁的时候我们搬家，在我们玩相互讲故事的时候，她讲了一个"狮子搬家"的故事："大草原上有一家狮子，有一天，它们的家被水淹没了，它们就要搬家了。小狮子就很担心它的好朋友斑马、羚羊、长颈鹿什么的找不到它。"其实在生活中，我女儿当时表现得是很期待去住新家的，基本看不出来有什么焦虑，但是通过这个故事，能看到她其实还是对搬家有隐隐的焦虑的。到我接龙的时候，我加上了"狮子妈妈陪小狮子跟朋友们一一告别，邀请他们来玩"的情节。接下来，她接了"搬家了以后，住的地方挺好，但是周围没有朋友，小狮子很孤独"。我继续接龙："突然，狮子听到一些有点奇怪，又有点熟悉的声音。"她迫不及待地说："原来是小狮子的朋友来找它了，它们又见面了。"我说："而且有新的朋友一起来欢迎

它。"讲完以后，孩子非常高兴。

在这个案例里，用故事的方式，妈妈可以在点滴互动中慢慢去看到和接纳孩子的焦虑。当然，搬家对孩子来说其实是个挺大的事，情绪比较敏感的孩子尤其易受影响。在陪伴孩子适应的过程中，用到的当然不仅仅是讲故事一个方法。但我们也可以看到故事在中间起到了不少作用，让孩子了解到她不会跟过去的一切割裂，这对于维护孩子的安全感很有帮助。

故事不仅仅能讲出来，更可以玩出来、演出来，在饰演故事中的角色时，孩子就会逐渐内化故事角色中的品质和特点。

有一位学员妈妈跟我分享，她的女儿在朋友家听了鬼故事、看了鬼片，不敢一个人上厕所，不敢独处。在学习了游戏力课程之后，她采用了上一节中"外化"的技巧，玩了和孩子把鬼画出来然后撕烂的游戏，孩子特别喜欢，逢人就说："我和妈妈打败了鬼，把它烧成灰，从马桶冲走了。"

但是回到农村后，老家的卫生间又大又长，光线灰暗，孩子又害怕了，妈妈又运用了"扮演故事"的方法，和孩子一起编造了"光明之神"的情节。她们用"走出六亲不认的步伐的样子"走向黑洞洞的卫生间，一边走一边张牙舞爪，念念有词："我是光明之神，我要打败黑暗世界！"

她们走到厕所门口，妈妈面向里面的黑暗施展魔法，配上音效，然后偷偷告诉孩子，妈妈魔法一施展出来，孩子就把灯打开。孩子兴奋又紧张地悄悄把手放在开关处，等妈妈"哗——"一声施出魔法时准时开灯，因为配合得太过完美，竟然真有了一种是魔法带来光明的感觉，孩子一下子兴奋得不行。

妈妈提议让她当光明之神，妈妈配合开灯。每一下她都激动万分，面对一次次变得黑洞洞的厕所，孩子觉得太好玩了。妈妈提议让孩子变身黑暗之神，再把光明吸走。孩子更激动了，用恐怖的声音、暗黑的表情说："我要让世界没有一丝光亮！"又玩了好几次。

就这样，孩子不但克服了对黑暗的恐惧，还激动地给爷爷奶奶表演了几次，意犹未尽，妈妈也觉得特别好玩，身心愉悦。

在这个游戏里，光明之神和黑暗之神的故事情节，就是妈妈为孩子"量身定做"的故事。此外，了解孩子的特定兴趣和具体情况，更有助于为孩子创造属于他们的隐喻故事，这会让孩子感到自己是特别的、被理解以及被支持的。

一位心理咨询师朋友给我讲了一个她自己编的故事，起初是她讲给自己孩子听的，后来我给好些孩子也讲过，孩子们都很喜欢：

从前，有一个很大很大的果园，里面住着很多果树，有的是苹果树，有的是梨树，还有的是樱桃树，有一位果农每天照顾着它们。

其中有一棵小树长得最小，比别的树都要细要矮，枝叶稀稀拉拉的，到了开花的时候，它也比别的树开的花都要少。到了别的树都结果的时候，它却没有结果，有个人就给果农说："这个树不行，拔掉它吧，占地方，栽上别的果树。"果农说："你不懂，还早着呢，再等等看。"还是每天认真照料它。

第二年，别的树都长大了，小树还是比别的树都要小，而且结果的时候它还是没结果，那个人又来了："你看我给你说吧，拔了它吧，占地方，它没戏的。"果农又说："你不懂，还早着呢，再等等看。"还是每天认真照料它。

第三年，别的树长得更大了，小树还是比别的树都要小，它终于结果了，可是果实又小又少，那个人又来了："你看我给你说吧，拔了它吧，占

地方，它没戏的。"果农又说："你不懂，还早着呢，再等等看。"还是每天认真照料它。

第四年，小树突然噌噌噌地往上长，越来越高越来越大，经过了前三年的积累，它的根又深又长。在一个暴风雨的夜晚，很多根扎得不够深的树木都被连根拔起，但小树稳稳地抓着大地，坚持了下来。最后，它成了果园里最高大的一棵果树，到了结果的时候，它结的果子又大又多，再也不会有人说三道四了。

讲这个故事的朋友，她的孩子小时候安全感不是特别好，也比较好动，经常被老师批评。这位妈妈一直相信孩子，用信任和接纳去支持孩子，在这个故事里其实也传达了同样的信息，她的孩子很喜欢听这个故事，后来也确实发展得越来越好。听这个故事的时候，孩子把自己代入了小树的角色，从果农信任的态度里汲取了爱的力量。有趣的是，当我也给儿子讲这个故事的时候，孩子还会问我："那个人呢？他又来了吗？"非要叫我加上"那个人又来了，看到高大的小树，心服口服"的结局才满意。可以看到，不同的孩子在故事里会被不同的元素滋养。

孩子喜欢的故事，常常会让我们反复讲诵，一遍一遍地感受故事后面的情感，就像我们喜欢的小说也会看好多遍，一遍一遍地从中吸取力量。

除此之外，孩子的生活也可以编成故事，或者用游戏的形式把故事演出来，孩子在这个过程中可以改写故事，在故事的世界里满足自己的心理需求。

有位学员妈妈和孩子每天睡觉前都有一个"故事时间"，会把孩子一天的生活编到一个以小熊为主人公的故事里。在这个睡前故事里，可以借助小熊的视角续写白天留有遗憾的地方，补上一个大团圆式的结局；可以回味一件小事，用小熊的视角回顾当时丰富的心理活动，让美好的时刻多驻留一段时间；可以复盘一些经历，设想小熊下次可以怎么做更好；可以获得妈妈的安慰，孩子自己也会想出一些话语来安慰小熊……

这样的互动是不是很甜蜜？多年以后，当这个孩子长大，给自己的孩子讲睡前故事的时候，一定会想起自己和妈妈的这段甜蜜时光吧。

故事会丰富孩子的认知，会传递力量，会帮助孩子整合经历，也会增强我们和孩子之间的联结。当我们听到别人相似的经历，感受到别人相似的感受时，往往会觉得人与人之间有共通的部分，自己并不孤单。当我们跟孩子讲自己的故事，尤其是那些并不完美的事迹，甚至是"糗事"时，孩子也会有被理解、被接纳的感觉。

有一次，女儿一个心爱的玩具丢了，一直闷闷不乐。我跟她说："心爱的玩具丢了，很难过很自责是吗？"她点点头。我跟她讲了一个我小时候丢了心爱的储蓄罐的故事。我讲了当时的场景和我难过自责的感受。因为和她的感受很相似，她听得很入神，还发表了对我当时感受的同情，以及怎么保护好自己东西的建议。共同回味那种丢失心爱之物的心情之后，好像那种感受有人分担了一般，孩子情绪明显好转了很多。

这就是人们常说的——在别人的故事里，疗愈自己的伤痛。需要注意的是，父母们往往喜欢给孩子们讲自己的"高光时刻"，但其实那些并不那么"高大伟岸"的故事，会让孩子感受到父母是真实的"人"，而非高高在上的"神"，这让孩子觉得可以依靠。如果孩子听到的、看到的、感受到的总

是"父母什么都行，而我什么都不行"的时候，会沮丧，也会被想象中"理想的父母"压倒。

除此之外，故事也让我们和孩子更有共同语言。很多时候，只要一提起其中的一些关键词，或者一些有趣的"梗"，我们和孩子就会想起那些在一起经历过的美好瞬间。

故事在我们和孩子之间建立起了一些共同的话语体系和情感体验，而这些是可以传承的。我有时候回想起来奶奶小时候给我讲的故事，有的是经典故事，有的是她经历过的那个年代的故事——在战争的年代以及那些困难的时期，那些真实的细节，如同纪实文学一般有着穿越时间、深入人心的力量，让我感受到祖辈是如何坚强不屈、战胜困难的。即使多年以后，奶奶已不在人世，每当我想起那些故事，甚至提起那些关键词、提起那段历史，就会像按动一个按钮一样，唤起那些共同度过的时光和它带给我的力量，也让我更加理解家庭成员们如何形成了如今的价值观。我也会把那些故事讲给我的孩子听，那份情感和精神力量也随着故事一代一代传递下去，成为人生的一部分，甚至成为一个家族的精神财富。

不过，讲故事的时候也有一些注意事项。在讲故事的时候，可以结合前面提到的具象化的体验，充分调动孩子的各种感官，描述细节，增强画面感，可以帮助孩子还原故事里的情境，激发孩子的想象，引人入胜。讲故事的时候，我们可以配合故事内容，尤其是以相应的情感和语气，让孩子进入故事的频道里去。讲完故事，不要急着提问，考问孩子，更不要说教，让故事慢慢发酵，发挥作用。另外，注意不要说恐怖的内容，有的孩子会害怕，甚至夜里会做噩梦。

故事

创作一个滋养孩子心灵的故事就像烩一锅美味的食物，需要哪些材料才能烩出一个"有营养"的故事呢？

原料：隐喻、情节、解决方案

● 隐喻：我们可以使用与孩子特质相似的动物、植物、人物或物品来作为主要的角色，它们具有与孩子相似的行为。例如小树的故事中，小树代表的是孩子。故事里的主人公会遇到阻碍，例如小树的故事中，在旁边说风凉话的人，就代表对孩子说三道四的声音。当然，主人公一定也会有支持者，比如故事中的果农，代表的是相信孩子的照料者。暴风雨代表的是孩子遇到的挑战，等等。

● 情节：随着故事的推进，曲折的情节制造出紧张的局面，再从挑战的任务中走出，获得一个积极的解决方案。对小龄的孩子来说，情节可以很简单，可能是不断地重复相似的经历，或者在重复中略略加入新的元素，例如，故事中小树每一年生长的落后。对年龄大些的孩子来说，情节可以更复杂一些，要有一系列历险或挑战——例如灰姑娘的故事。

● 解决方案：我们讲给孩子的故事多是希望为孩子赋能的，因此，解决方案要积极。例如小树不断地扎根，最终成了根深蒂固的大树，长出了很多果实。这对于小树和听故事的人来说，是多么欣慰啊！我们可以在一开始事先考虑解决方案，以便在讲故事的时候能够大致把握故事的走向。

调料：笑话、谜语、魔术、歌曲、童谣等。它们可以让故事更加有吸引力和层次感。

第3章

掌握这五点，成为所有孩子喜欢的大人

如果希望儿童保持其天生的好奇心，他至少需要得到一位成人的陪伴，与他一起发现和探索我们所生活的世界中的快乐、兴奋和神秘。

——瑞秋·卡森

游戏对孩子来说固然重要，但这并不意味着孩子在自己玩、和小伙伴一起玩之外，就不需要我们的陪伴了。

在很多家庭里，我们会发现父母其实并不太了解孩子的一天是怎么度过的——孩子每天一早就要出门，晚上由祖辈接回家，爸爸妈妈到家没多久就又要睡了。没什么事情是孩子可以和父母一起做的，亲子之间可供沟通和交流的素材少之又少。在这样的情况下，父母往往会因为自己对孩子缺乏了解而产生焦虑，于是自然而然地爱询问孩子的生活和学习，而这一问就有了表达上的误差，也会有与自己预期不同的落差，一旦着急指导和纠正，就容易鸡飞狗跳，不欢而散。如果亲子之间交集不多，尤其缺乏一些共享的快乐时光，家长对孩子的影响力更会受到影响。

借由亲子一起游戏的美好体验，一方面，我们多了和孩子沟通的方式和素材；另一方面，我们和孩子在游戏中培养起来的坚实感情，能让他更加信任我们，也更愿意与我们合作，成为亲子交流的突破口。

作为成人，我们该怎样加入孩子的游戏呢？本章分享一些普适的和孩子游戏的态度和技巧，助你进入孩子的心灵世界，成为孩子喜欢的人。

● 不会跟孩子玩？卸下盔甲，和孩子调到同一频道

只有在游戏中，我们才最真的活着，做最完整的自己，最深切地沉浸其中。

——查理斯·雪芙尔

你一定经历过这样的时刻——陪伴孩子的时候，自己感觉很焦躁，内心不断冒出这样的一些声音——和孩子在一起干点什么好啊？孩子这个游戏怎么这么无聊？孩子怎么老问这么没有意义的问题？我好累，什么时候才能去休息啊？好希望孩子能自己去玩啊！那些时刻，陪伴好像成了一种煎熬和消耗，难以体会陪伴的快乐，同时又为自己"负面"的想法而深深地感到内疚。

但你也一定经历过这样的时刻——在陪伴的过程中，你很开心，孩子也很开心，双方都很享受在一起的时刻，奇思妙想层出不穷，你和孩子之间的情感是流动的，时间过得很快，奇思妙想层出不穷。你们如此专注，甚至不希望被任何事情打扰。你们都期待这样的时刻能够长长久久。

心理学家米哈里·契克森米哈赖把这种状态叫作"心流"，在"心流"状态里，人们会进入全神贯注、投入忘我的状态，这种状态下，你甚至感觉不到时间的存在，而完成之后我们会充满能量，有非常满足的感受。这种沉浸式的感受会带来幸福感和内在的力量。

我们每个人或多或少都经历过心流，工作、阅读、写作、学习、画画、游戏、运动、舞蹈时都有可能会体验到废寝忘食的感觉，它让我们找到自己的兴趣和天赋所在，也能够让我们直观感受到自己做事的"精气神"，从而激励我们持续地努力和进步。

对于孩子来说，如果经常进入"心流"状态，将会受益良多。它能帮助孩子的创意灵感得到涌现，并且有助于知识的融会贯通；当孩子面临困难和挑战时，它能提升孩子的专注力，让孩子把注意力集中在解决问题上。而游

戏就是孩子最熟悉的进入"心流"的方式：玩假扮游戏、自由涂鸦、拼图、组装乐高、运动打闹，都可能是孩子进入心流的方式。大一些的孩子可能会在玩网络游戏时进入心流。

在亲子互动中，如果我们能够全身心地投入孩子的游戏，就能进入孩子的世界，在亲子互动中拥有更多"心流"时刻。而这让我们和孩子之间更默契，更愿意分享信息和感受，更容易合作、相互成就，也更容易用我们自己的良好状态带动孩子的进步，促进和孩子的合作。

进入孩子的世界有一个很重要的心理准备工作——"调频"，就像收音机那样，需要调到特定的频道上才能够接到信号。如果用到亲子互动上，指的是我们把自己调到孩子在当下关注的事情上，以相应的情感或行动及时地去回应他。

有一次，我去一个朋友家吃饭，他们家孩子在旁边玩，妈妈在饭桌边喊了吃饭，孩子说不吃。妈妈说"看桌子上有你最爱吃的"，孩子依然无动于衷。妈妈走过去问孩子在玩什么，孩子说在玩奥特曼，妈妈就说："那奥特曼是不是也要吃饭呀？奥特曼喜欢吃什么呀？"孩子还是不理不睬。

妈妈没辙了，换爸爸上。爸爸走过去，问孩子："你在玩什么呀？"孩子回答"奥特曼"，爸爸看着孩子玩了一小会儿，然后说我来当奥特曼，你来遥控，你说走我就走，你说停我就停。孩子就和爸爸玩了起来，接着只见孩子慢慢指挥着爸爸扮演的奥特曼走到了饭桌上，坐在那里玩了一小会儿就吃起饭来。

看起来爸爸妈妈做得都挺好的，温和、有趣，好像还都用了游戏的方式。但是孩子的反应却大不相同。妈妈第一次说吃饭的时候，孩子其实已经听到了，但是他还深深地投入在游戏中无法自拔。此时妈妈跟孩子一个关注吃饭，一个关注游戏，好像不在一个频道的两条平行线；而爸爸先把自己调到了孩子游戏的频道上，投入孩子的游戏，孩子就如同和爸爸对上了接头暗号一般，慢慢跟着爸爸进入吃饭的频道里来了。

这里分享两个和孩子调频的小技巧——坐在地板上、模仿孩子。

1. 坐在地板上

坐在地板上，有两层意思。

第一，指的是我们真的坐在地板上，在物理上和孩子处在同一高度上，这样孩子才能与我们平视。身高的差距往往会带来心理上的距离感和压迫感，当我们和孩子处在同一高度，才能够真正看见孩子的视线所及，更进一步体会到孩子的感受；当我们坐下来，而不是站着，摆出一副随时会走开的姿势，才能够让孩子感受到——我们真的停下来手头的事情，准备好陪伴他们了。

第二，指的是我们需要放低身段，从心理上和孩子处在同一高度上，放下手机，全情投入。我们在离开家以后会有很多社会角色和职业角色，也许在员工面前你是一个领导，在学生面前你是一个老师。但是当我们回归家庭时，就需要去掉这些社会角色赋予的权威感，暂时放下其他社会角色中的任务，成为孩子的玩伴，和孩子真正玩儿起来，平等、投入。

儿子小的时候，我常常带他在小区里玩。每当我席地而坐时，立刻会吸引很多小朋友靠近，他们会把我坐的地方当一个"大本营"，从这里出发去

探索周围的环境，一会儿他们就会回来，跟我搭讪两句，或者把采集来的东西给我，再出发去继续探索。只要我不离开，他们就可以持续玩很久很久。

我坐在地上，以孩子的高度环顾四周的成年人，看到的是来来往往的腿，以及或站或坐的看着手机的身影。他们有时也会看向孩子，但是往往和孩子看向他们的视线不同步，彼此擦肩而过。那个时刻，我深切感到，在这个大大的世界里，孩子们就像一艘艘小船——出发去探险，他们时不时需要加油、补给，而坐在地上的大人，就像一个安全的港湾，让他们知道——无论何时回来，支持就在这里。

有的时候，孩子们在游戏中也会发出求助的信号，但这些信号往往是非语言的信息——比如摆弄一个东西好久，然后抬起头看看家长，如果家长此时能够和孩子调频，和他们面对面，那么一个鼓励的眼神、一个温暖的微笑，或者指指孩子可能弄错的地方，孩子就会继续探索。

有一次，我儿子试图把几块积木垒成一根高高的柱子，然而垒到最高的一块时，积木失去平衡掉了下来，尝试了几次都是如此，他觉得很受挫，就在他快要放弃的时候，我用鼓励的语气跟他说："刚才差一点就搭好了呢！"他抬头看了我一眼，又充满信心地开始继续搭，果然搭好了。于是我带着一点兴奋的语气跟他说："成功了呢！"他有点兴奋地看了我一眼，信心满满地去搭建新的工程了。

在这个过程中，孩子一开始感觉很受挫时，妈妈及时肯定了孩子刚才的努力，提示孩子离成功不远了，孩子就有了努力尝试的动力，而在孩子成功了之后，妈妈又跟孩子同频传递出了"我以你为喜"的感觉，孩子从情感上也得到了充分认可。这样的经历多了，孩子自然而然就会越来越专注、越来越不怕困难、拥有持续努力的勇气，亲子关系也会越来越好。

　　试想一下，如果此时妈妈与孩子有一段距离，或者此时正好低着头看手机，错过了孩子发出的信号，孩子没有收到回应，就会放弃探索，更换一个目标。然而，挫折还会再发生，如果孩子一直收不到回应，久而久之，就会放弃求助。于是在家长眼中，孩子整体表现出来就是东看看西看看，无法专心，做什么都做不久。

　　所以，只是"坐在地板上"这一个小小的改变，就能让我们成为孩子眼中"会玩的家长"，让我们在同样的陪伴时间内，能更直接地收到孩子发出的信号，对孩子的陪伴可以更有质量、更有效率。

2. 模仿孩子

　　还有一个调频的好办法是"模仿孩子"——当我们观察孩子，试图在动作、肢体、表情上和孩子同步的时候，我们就开始与孩子在调频了。

　　一位游戏治疗师朋友跟我分享过一个案例：有一次她去给小朋友上课，一个 7 岁的小朋友很早就来了，但因为环境和老师都很陌生，孩子比较紧张和拘谨。在短短的几分钟内，他去喝了三次水，在玩具架前徘徊了几次，没有去拿任何玩具出来玩。我朋友就轻轻走到他身边，说："我们来玩一个模仿的游戏吧！你做什么，我就做什么。"孩子有点诧异，腿换了个姿势。于是，大人的腿也换了个姿势。孩子又动了动，大人一直模仿他，然后孩子笑了，还做了很多动作，甚至倒在地上，还打滚，大人也学着他。孩子大笑起来。玩了几分钟，我朋友再邀请他上课，他就很自然地跟着去了。

模仿，让孩子感受到自己是被关注的、被接纳的、被认可的，也让我们大人能更好地身临其境地去体会孩子的感受，从而对他们产生更多的理解。

综艺节目《声临其境》《演员的诞生》里的演员们为了表演好一个角色，或者做好一个配音，会模仿对方的动作。角色蹲下他就蹲下，角色跪着他就跪着，从动作到感受一点点去体会，才能体会到角色的真情实感并把它传递出来，而不仅仅是在"演"情绪。他们就是在通过模仿的方式全身心地和角色进行调频。

模仿，也会让我们更容易投入孩子的世界，去体会游戏的快乐。当我们进入"模仿"的状态，我们的注意力会集中，观察会更仔细，会不由自主地摒弃原来对那些我们觉得"无聊"的游戏的评判，调整为一种"好奇"的心态，就更容易进入"心流"状态。

在我的游戏力工作坊上，常常有家长担心自己不会玩，让我推荐一个最容易上手的游戏，我会邀请他们跟孩子玩"照镜子"的游戏——家长是镜子，让孩子来照镜子，家长模仿孩子的表情和动作。为了增加乐趣，还可以把自己变成"哈哈镜"，进行夸张的演绎。

有位妈妈反馈道："本来以为挺简单的一个游戏，没想到孩子的创造力和想象力真的是太令我吃惊了！她做的很多动作看起来很简单，但是当我想去模仿的时候发现非常复杂，而且需要调动全身的肌肉和协调，很多动作甚至我是做不了的。虽然有一定难度，但我还是非常努力地跟着她的动作去模仿，我们会一起光脚在地上跑跑跳跳，在地上跳完又上床接着跳，再回到地上躺下一起在地上打滚……做着我平时根本不会做的动作，孩子看到我居然能这么陪她玩，特别特别开心，一直在咯咯地笑。在这期间，没有评判，没有能不能做，没有对错，她做什么，我就做什么，全然接纳，她很开心，我也特别开心和快乐！"

亲身去做，去模仿，我们会发现跟孩子玩是一件多么有趣有意义的事情，而且关键是，它一点儿都不难，这种体验也会慢慢地调动我们童心未泯的那一面，让我们更加轻松快乐、富有能量。陪孩子玩的过程是快乐尽兴的，还是无趣乏味的；是让孩子记忆犹新的，还是过后即忘的——都取决于我们的态度。

同时，调频不仅仅可以发生在和孩子游戏的过程中，在日常和孩子的亲子互动中，如果我们能够增加一些调频的时刻，也会起到意想不到的效果。

有一次，我女儿不愿意睡觉，说房间里有一个台灯怪物。我去她的房间看了半天，并没有看到什么可怕的光影，于是简单地回应了一下，准备离开。但是她实在害怕，于是我爬到她的床上，躺在她睡觉的位置，模仿她平时睡觉的姿势，终于看见了她的"台灯怪物"——从她那个角度看，台灯在墙上的投影确实像一张侧脸，越看越像，连我都被吓了一跳。于是我调整了一下台灯的位置，怪物就消失了。如果我不是模仿了孩子的位置和姿势，是绝对看不出来这个"台灯怪物"的，更不能够有效地支持孩子。

还有一次，我带儿子在楼下玩，看见有个奶奶给孩子手里塞了个水壶，站在旁边一直说："喝水，快喝水，喝五口，快喝！"可是孩子跟没听见一样，沉浸在游戏中，于是奶奶的声音一直在旁边循环播放了二十多遍……这让我忍不住想要帮她一把。我观察到孩子在玩一个关于做饭的游戏，于是我拿起我儿子的水杯，跟那个小男孩碰了一下说："哇，你做的饭真香！庆祝一下吧，干杯！"然后孩子很自然地拿起水壶跟我碰了杯，很自然地喝了水。

可以说，当我们和孩子在游戏中有越多同频的时刻，我们在生活中就越能够敏锐地捕捉孩子的需求，沟通起来也会更有的放矢。

当然，这并不是要求我们 24 小时都跟孩子在同一频道上。我们毕竟是大人，有大人的角色和任务。但是当我们跟孩子互动时，或者联结不上时，能够想起来去调一下频，建立情感联结，会对亲子沟通起到事半功倍的效果。

在游戏中培养起来的默契和共同进退的信任感，像润滑剂一样调和着生活中的磕磕绊绊；而游戏中那些"心流"时刻，像流水一样灌溉着孩子的精神世界，滋养着我们和他们之间的关系。

游戏技巧 全情投入

陪孩子玩时，家长放下手机，全身心投入游戏，才能让孩子真切地感觉到：

● 我在这里。我在身体上、精神上和情感上都和你在一起，没什么会让我分心。

● 我关注你。我会用耳朵和眼睛仔细倾听你、看见你，我关心你感兴趣的事情。

● 我理解你。我理解你的感受，我明白你想表达的意思，并且我会把这份理解传达给你。

当你想要投入但不知如何入手时，可以试试本节介绍的两个方法：

● 坐在地板上

● 模仿孩子

孩子不喜欢跟我玩？跟随孩子，不当游戏的"绊脚石"

孩子可以在游戏中学到很多，但不是通过"我们教，他们学"的方式。

——劳伦斯·科恩

你也许曾有过这样的经历：兴冲冲地投入孩子的玩耍，想教孩子玩我们小时候感兴趣的游戏，或者在网上学了一些亲子游戏想回家和孩子一起玩，但孩子却不领情，或者他们并不按照我们期待的方式来玩，甚至在我们教他们、想让他们从游戏中"有所收获"的时候，他们却说这样"没意思"——明明是好心试图亲近孩子，教他们一些新鲜的玩法，孩子却并不总是乐于接受成人做他们的玩伴。

孩子不喜欢跟我们玩，或者玩着玩着玩不下去了，往往是因为我们在跟孩子玩的时候，存在一些"绊脚石"：

1."教"孩子游戏

孩子天生会游戏，而且在游戏中不拘一格。如果说游戏是孩子的话语，那玩具则是他的字词。如何运用字词去表达，是表达者自己的事情。如同讲话时遣词造句是需要时间斟酌的，游戏的玩法也是需要孩子不断去尝试探索的。

但对很多家长而言，玩具是有"正确"的玩法的，而一个玩具就只能有一个或几个"正确"的玩法——茶壶就只能用来倒茶，椅子只能用来

坐……玩具是通向某个"正确"结果的工具，所以孩子偏离"正确"的探索方式就会被制止。即使某个游戏真的有"最优"的呈现方式，他们也希望孩子尽快到达那里，不要在探索和试错上花费时间，少走"弯路"，所以会不遗余力地"教"孩子玩。

但这就如同规定孩子讲话时必须得使用固定的句型一样，失去了自由表达的机会，孩子只会越来越沉默。长此以往，游戏的"戏路"越来越窄，自然不受孩子欢迎。

有一次我买了一条链子和一个圆环练习变魔术，却怎么都变不好，气馁地把它扔在一边，再也不想练习了。我儿子见状，用圆环放在中间当蛋黄，链子不规则地围在旁边，摆了一个煎蛋的形状，于是我跟随他玩起了"创意造型大 PK"的游戏，你摆一个，我摆一个，最后竟然摆了三十几个图案出来。

还有一位妈妈分享道："我刚刚买了一个新的垃圾桶，孩子就把它顶在头上当成帽子玩；后来又当成一个音箱，在里面哇哇叫，发现声音会放大（共振）；还可以当成储物桶。一个小小的垃圾桶，玩出了十几种花样。"

在以上的故事中，如果家长过早地去干预孩子的游戏，教孩子"这样玩，那样玩"，孩子发散性的思维和创造力早早就被限制住了，这些思维定式就削弱了孩子创造性地解决问题的空间。其实，我们往往只需要好奇地说："哇，你想出了一个主意 / 还可以这样啊！还有吗 / 接下来呢？"就可以看到孩子创造性的想法层出不穷地涌现出来。

2. 评判孩子的游戏

有的家长在陪孩子玩的时候，会习惯性地评价孩子的游戏："这个不错""那个不好……"，大人过多的评价，把我们自己从参与者变成了评论者，也破坏了孩子在游戏中的主体性和掌控感，把本来属于孩子自己的游戏变成了供大人观赏的表演。而且也会让孩子担心自己做得不好，反而无法畅快淋漓地表达自己，或者玩的时候也是顺从大人、讨好大人，而不呈现自己真实的想法。这样我们家长就失去了进一步了解孩子、和孩子联结的机会。

有次带女儿去草原玩，草原上有花有草有小溪，其他孩子都在扑蝴蝶，在小溪中玩水，互相追逐打闹，我女儿玩的方式却是——要么看看牛马羊，要么一直低着头走来走去，并不和别的小朋友互动。我当时的第一反应就是——我们大老远来到了这花草盈盈的地方，你怎么不跑一跑，低着头不是浪费时间吗？想催促她走出她自己的世界，做些更"有价值、有意义"的事情。不过最终还是把话吞回了肚子里。

她持续这样一天多之后，忽然问我："为什么同样一片草地上，牛、马和羊的便便却完全不同？"原来她闷声不响，是一直在调查和研究这个课题呀！我问了她的看法，她跟我讲了她的思路，原来她通过观察，逐渐排除了吃草、喝水等外部原因的差异，归因到动物内部构造的差异上来。虽然当时她只有四五岁，并不能够得出完全正确的结论，但是她观察、思考的科学性让我十分震惊。这让我再也不敢轻视孩子，随意评价孩子的游戏是否"有价值、有意义"了。

我庆幸自己按捺住了干涉的冲动，如果我这么做了，可能就破坏了孩

子的一次科学探索，而孩子也会感受到妈妈并不在意和支持她当下所感兴趣的事情。事实上，当我们把高高在上的评判换成友好真诚的探询："当你做……的时候，你是怎么想的？"孩子感觉到他们的想法是有机会被倾听、接纳的，才愿意跟我们去分享、呈现，在情感上和行动上给我们发张门票，邀请我们走进他的世界去探险。

作为成年人，毫无疑问，我们的知识更广博、技能更熟练、经验更丰富，这些都是我们试图带给孩子的，希望孩子能从我们身上学习到的，因此，我们往往不遗余力地引导孩子向我们的方式看齐，甚至在游戏中，我们也带着这样的思维习惯。而孩子们排斥我们干预他们的游戏，往往是因为我们太"热情"地"指点"，最后变成了"指指点点"，过多的主导游戏，或者目的性太强，破坏了孩子自己的游戏主动性。我们成人所认为的有计划、有目的、有趣的游戏，在孩子看来往往已不再是游戏，而是需要去配合的"任务"。

我们深知"引导"的好处，但鲜少思考"跟随"可以带给孩子什么——跟随孩子，让孩子主导游戏，孩子可以获得极大的满足感、创造力，以及自我负责、建构自己世界的感觉，这让他们对自己的能力更有信心，也更愿意和其他人合作。如果大家觉得不知道怎样做，可以试试想象孩子是导演，我们是演员。我们可以在配合孩子、保证安全的基础上，有适当的自己的发挥，但是主要剧情节奏由孩子来把控。不要过多地给自己"加戏"，一不小心把孩子从游戏中的"主创"变成了"配角"。

跟随孩子，把游戏的主导权还给孩子，是我们有机会与孩子建立联结、进入孩子的世界最重要的原则之一。这里分享两个跟随孩子的小技巧——向孩子学习、先说"好啊"。

1. 向孩子学习

科恩博士说："每家都有一个天生的游戏专家——你的孩子。"每个孩子都是游戏世界的原住民，当我们想要进入孩子的世界，最合适的当然是找一个"当地的"向导。如果我们不知道该怎么玩，只需要向他们学习——他们玩什么，我们就跟着玩什么就好啦!

从我自身的经历和很多家长的反馈而言，得知这一点，真的是大大的解脱——我们再也不必绞尽脑汁四处搜罗各种各样的游戏，想方设法让孩子配合一起玩，况且孩子又未必喜欢。我曾经看见在一次活动中，老师带着孩子们有秩序地完成了一次有组织的游戏，孩子们看起来很配合，之后如释重负地说了一句："玩完了老师的游戏，终于可以玩我们自己的游戏了。"不禁哑然失笑——成人辛辛苦苦组织了一场游戏，试图给孩子我们认为"最好的"，但孩子想要的并不是那些，而是他们自己在游戏中的掌控感。从主导到跟随游戏，当我们卸下了"我要为孩子的开心、收获负责"的担子，也会觉得更加轻松自在。

上一节我们说到了用模仿孩子的方式与孩子调频，模仿孩子其实就是向孩子学习的一种方式，带着空杯的心态跟孩子游戏，会发现其实他们的想法非常有意思，也会和他们一样乐在其中。

一位妈妈在学习了跟随之后分享道："今日实践了特殊游戏时光，让我真正感受到了跟随和模仿的魔力，看似简单的跟随与模仿确实能擦出别样的新想法。今天午睡前，我一个人陪着孩子，心里不停地提醒自己孩子是导演，我是演员。以前，我总是希望她能从游戏中学到一些什么东西，我的心理压

力也很大。总是觉得陪不好她。有时候达不到预期，自己心里也会很着急，态度也变得不好。今天让我感觉玩的时候很放松，不用计较所谓的知识点。就是跟随她，陪着她，很轻松！跟随，解放孩子天性，更是解放家长！"

陪孩子游戏时，有时我们可能不知道该怎么应对，又不想当"游戏终结者"，可以用到"悄悄话"的方法——把手放在嘴边悄悄问孩子："下面该怎么办？""我该说什么？"孩子通常都会非常乐意告诉我们他需要我们如何去配合。

平时生活中我们也可以运用"悄悄话"，以向孩子学习的心态，向孩子请教他们希望被如何对待，一定会有意想不到的智慧。

我女儿三四岁的时候，有次有点着凉略流鼻涕，我想给孩子喝点红糖姜茶驱驱寒。我觉得量少一点可能比较容易快速喝完，所以煮得浓度比较高，结果她觉得太难喝，不肯喝。我就跟她说："你觉得有点难喝，不喜欢喝是吧？"她说："嗯！"我说："嗯，我知道了，同时妈妈有点担心你流鼻涕，我觉得喝这个对你的身体有帮助。你有没有什么好主意呢？既让你不那么难受，又让妈妈不那么担心？"她想了一会儿，发出一串儿类似于wulawula的声音，她在跟我互动，这是个好的信号，于是我就跟着她，笑着说："wulawula 呀，这是个好主意，还有吗？"她又说："geligeli"（发出怪声），我又说："geligeli 也是个好主意，还有吗？"她这样重复了四五次，我都说是个好主意。她突然大叫："我有一个好主意！里面再倒一些水就不难喝了！"我很惊讶，因为我根本就没想过可以稀释，于是我赶快说："哎呀，这个主意真好，我都没想到！那你倒还是我倒？"孩子自己想出来的主意，也很骄傲，就飞快地跑过去自己把姜茶稀释了，一饮而尽。

后来我想，孩子在发出怪声的时候，其实也是一直在思考的，用这个怪声表示——我跟妈妈是有联结的。妈妈一直保持着向孩子学习的态度，把孩子自己的问题交还给了孩子，给予孩子充分的思考时间，孩子就发挥自己的自主性，想到了这么好的主意。

女儿二年级的一段时间，在写作业时忍不住总想来找我问问题，我觉得这样不利于她自己养成独立思考的习惯，希望她不要一有问题就来找我。于是跟她谈起这一点，她认同我的观点，表示也希望增加自己独立思考的能力，但是又不由自主地想来找我。这自相矛盾的需求让我也很无奈……于是我问她："那你接下来需要我做些什么？"

她想了想说："因为我自己控制不住自己嘛，我希望我忍不住来问你问题的时候，你能拒绝我，但不要凶凶地拒绝我，而是给我说一些鼓励的话，鼓励我自己解决问题。"这个答案让我始料未及，于是我又问她："那你喜欢听我怎么鼓励你呢？"她告诉我："你可以说：我相信你可以……"

这对我来说是一个轻推——这意味着我需要克制回答问题的冲动。而忍住不说，其实比直接给她讲题要困难得多——这意味着需要信任她的能力，容忍她犯错，允许她花更多的时间，也意味着可能需要给她更多的情绪支持。这并不是一件容易的事。但显然，这是她发展自己能力时真正需要的帮助——适当的后退 + 温和的鼓励。

女儿提醒了我，在她的成长道路上我不能事事亲力亲为，她更需要的是信任和支持。她也让我看到，每个孩子都有自己生命发展的地图，而这份地图在孩子自己心里，习惯了充当引领者的家长，如果能暂时放下自己固有的习惯和想法，把自主权交还给孩子，跟随孩子、尊重孩子自己的感受，孩子才有机会展现他们内心的智慧，带领我们走向正确的方向。

安吉游戏的开创者程学琴老师曾经说："当老师赋予孩子游戏的权利时，老师和学生都发生了惊人的改变，当老师把'观察孩子并向孩子学习'当作主要工作，观察孩子能做到什么，而不是控制孩子、指导孩子，孩子就拥有了更多的快乐，老师也会感到更多轻松，更少疲惫。"对于家长来说也一样，当我们能把"观察孩子并向孩子学习"作为一种陪伴方式，孩子会更快乐，家长也会更轻松。

如果说，通向孩子内心的道路有什么捷径，那一定是——请教孩子，向孩子学习！

2. 先说"好啊"

先说"好啊"，指的是当孩子有某个提议或者正在做某事的时候，我们不要急于否定、建议，或者急着把我们所知告诉孩子，替孩子做决定。而是先说"好啊"，再来看看怎样在这个基础上推进下一步，或者听听孩子真实的想法，一起把想法一点点打磨。

你也许有过这样的经历：当孩子有某个在我们看来不可行的提议或计划时，我们越急着说"不行"，孩子越想要证明自己是对的，反而引发双方的冲突。先说"好啊"，意味着我们放下评判，和孩子站在同一战线上，带着包容心和好奇心陪孩子一起探索，做他们想做的任何事。这样我们和孩子之间的关系就会往前推进，问题才可以得到解决。

有一天我和女儿在楼下散步，她说她心情不好想骂人，我不知道发生了什么，很想知道她的想法，于是说："好啊！那我们就先不回家，找个没人的角落妈妈听你骂吧！"于是我们就走到一个角落，她看起来有点生气，说："我要拉臭粑粑！"说完看看我什么反应，我第一反应是觉得"不太文明"，但我猜这可能是某种信号，毕竟，当我们想要跟随孩子时，要把每件事都当成是一种沟通，我也着实好奇接下来会发生什么，于是继续说："好啊！"她说了好几遍"臭粑粑"，但还是不过瘾的样子，于是我推进了一下，跟着她说："那我也要拉臭粑粑，要拉很多很多！"

她说："我要拉一地都是！"

我说："我要拉一床都是！"

她说："我要拉一房间！"

我说："我要拉得连客厅都是！"

我说："我要拉一过道！"

她说："我要拉一大楼都是！"

我说："那我要拉一地球！"

她说："我要拉到太阳星星月亮上去！"

我想想说："呃……我想不出来了……你赢了！好臭！好臭……"她笑了，说自己不想骂人了，接着给我讲了很多生活中让她不开心的原因。我认真地听完，她告诉我她平静了，我跟她约定了下一次陪她玩的时间，她开心地回家了。

许多成人总认为"童年"就应该满是快乐和幸福，然而真正的童年是各种元素的混合：不仅有好奇、快乐和幻想，也有恐惧、愤怒和悲伤。而这些负性的情绪，也是需要被接纳的，它们有时会通过一些"奇奇怪怪"的游戏信号释放出来。案例中妈妈的跟随，让孩子觉得自己是被接纳的，她才能够安全地在这个"吐槽游戏"中去释放情绪，最终得以平复。

　　还有一次，我儿子想找小区里一个小哥哥玩，但他不好意思过去，告诉我："我很害羞，就像含羞草一样。"我很想告诉他"这有什么好害羞的……"，但可以想象，这样只会让他更加退缩。于是我想到了先说："好啊！"说完之后，为了接上自己的话，我只好继续往下"造句"："原来你像含羞草一样……那……我摸一下你看看会怎样？"就玩起了假扮含羞草的游戏——我拍一下他，他就使劲地抖一抖，拍一下，抖一抖。在哈哈大笑中，他慢慢放松了下来，走向了小哥哥，俩人一起玩了起来。

　　在每个瞬间，我们都有很多种回应孩子的方式。有的方式是让孩子来到我们的世界，而有的方式是走进孩子的世界。在很多时候我们成人往往会认为自己知道孩子需要什么，而忘了孩子有自己发展的过程，这个过程没有任何其他人能够替代。当我们以自己的标准否定孩子、评价孩子，就是把孩子"拽"到我们所在的位置。当我们先说"好啊"，我们就选择了接受他所在的位置，站在他的身边，成为他的支持者。当我们一次次地说"好啊"，我们就陪着他一起创造了一条属于他自己的成长道路。

　　在日常生活中，我们越多地对孩子说"好啊"，就是在示范合作精神，也越容易赢得孩子对我们说的"好啊"——他们会更加合作、配合。

　　有次我在家工作，儿子缠着要我陪他，虽然手头上有很多事，但5分钟总是能腾出来的。于是我先说了："好啊！"然后告诉他："现在是妈妈的工作时间，我可以陪你玩5分钟，这5分钟你来决定我们玩什么。"他一听到"好啊"，心情大好，愉快地接受了这个时间设定。我们定了一个计时器，他连忙拿出几个恐龙，给了我一个，他做什么，我就拿着我的恐龙跟着他做，他很自然地告诉我接下来要做什么。5分钟的游戏时间过得很愉快。到了计时器响的时候，我拿着我的恐龙说："时间到了，我该走了。"跟他的恐龙拜拜，他还有点不舍得，我又用我的恐龙跟他拥抱了一下，约好工作 25 分钟后再陪他玩 5 分钟。他就自己去玩了。孩子在游戏中获得了足够的掌控感，就把我对自己时间的掌控感还给了我。

还有一次，儿子不愿上学，不愿跟我分开，于是我说："好啊！那我们就再也不分开了！"假装黏着他不让他离开，他走到哪，我就黏到哪。他格格笑着说："走开！"我假装像一个皮筋一样一下子弹开好远，他哈哈大笑了起来："回来！"我就又"弹回"他身上再次黏住。他笑得前仰后合，来来回回弹了好几次，然后他逐渐调整发送指令的时机，能够控制"皮筋"弹开的速度，我就一直跟随他的节奏配合着，他调整我并排来到他的身边，亲亲抱抱之后，满意地上学去了。

其实孩子在生活中少有能够拥有完全自己做主的机会，很多执拗和拉扯，想要的无非是为自己做主的机会。如果我们能够在陪伴孩子游戏的时候多说"好啊"，就会发现孩子总会自发地把游戏变成他们最需要的样子，我们只需要跟随他，成为孩子的"大玩具"，自愈就发生了。

不是孩子"跟"我们玩，而是我们"跟着"孩子玩。跟随孩子，我们的陪伴就会更有效，更符合孩子内心真正的需求；跟随孩子的游戏、跟随孩子的情绪状态，才能让孩子发挥自己的内动力，有机会成为他最终要成为的那个自己，而非某一个人的复制品。

归根结底，孩子的成长是属于他们自己的事情。而主导自己的人生，也是需要从一次次练习中习得的。一次次的跟随，就是告诉孩子——你可以为自己做主，你才是自己人生的领航员。

游戏技巧 跟随

陪孩子玩时，如果家长放下评判，保持空杯心态，跟随孩子的游戏，孩子会收获：

- 创造力
- 掌控感
- 自信心
- 合作精神

本节介绍了跟随孩子游戏的两个技巧：

- 向孩子学习
- 先说"好啊"

● 如何把握游戏分寸？恰当示弱，让孩子赢

没有什么比成人放下身段、丢掉会让孩子压抑的优越感、和他们平等地玩耍更能带给孩子快乐了。

——弗洛伊德

常常有家长咨询：我也陪孩子玩了，但是过程中该如何把握这个游戏分寸呢？尤其是一些区分输赢的游戏，比如说赛跑、踢球、下棋、打牌等，家长要不要让着孩子，让孩子赢呢？需不需要在游戏中让孩子承受一些挫折，培养抗挫力呢？

我的答案是："我会尽量让他赢。"

为什么呢？

首先，因为"赢"会为孩子带来心理力量，积累"我很棒"的感觉，让他们更自信——而这些，是鼓励孩子继续努力的最好动力。

你可能会问："可是，我们如果总是让着孩子，孩子会不会习惯了胜利，反而变得'输不起'？如果总让他赢，将来在面对真正的竞争时，遇到失败会不会心理脆弱得不堪一击？"

有位妈妈分享道：

孩子和我们玩飞行棋，总是他赢，他就想玩；象棋，以前很喜欢，但偶尔爸爸就忘记让他，慢慢就打击了孩子，热情没那么高了；跳棋，一般是我赢，他就不想玩。

今天中午玩跳棋，即使最后让他赢了一步，玩完后他还是特别生气。我意识到自己整个过程中一直在对他指指点点，说他这样走得不好那样走得不好，给了他很多打击。

这让我发现——不要过于着急让孩子输得起。先要体验足够多的赢，有了自我安全感的满足，才会更有勇气和力量。孩子越小，需要的安全感越多。

倘若我们把孩子的信心比作杯中清水，挫折感比作墨水：一大杯清水，即使添加几滴墨水，也依然清澈；而如果只有一小杯清水，几滴墨水就可能让它完全变黑。

正如这位妈妈所言，如果没有足够的"我很棒"的感觉打底，强烈的挫折感会让孩子内心更加无力，更缺乏自信，也更加无法承受"输"的结果。孩子在某些事情上"胜负心"重、输不起，往往是因为他在这些事情上心理力量不够，缺乏足够的信心，也正因为这样，他才迫切地需要通过"赢"，来确认自己的力量和存在的价值，重新拾回自信。

这就需要孩子在游戏中不停地演练"遇到挑战 – 积极应对 – 找到解决办法 – 赢得胜利"的过程。孩子能从这个循环中，提高解决问题的能力，建立解决问题的信心。

如果孩子受挫过多，面对"输赢"时心理压力就会格外大，甚至有可能逃跑、回避、拒绝参与。那么，这个时候，游戏就是一种很好地能够帮助孩子完成这个演练过程的有效方式。

与其让孩子屡屡承受挫折，我们不如这样做：

1. 允许孩子重来，直至取得成功

很多父母与孩子下棋时经常要求一步到位，不允许孩子悔棋。其实孩子悔棋，正说明孩子有积极的思考，有重新想要弥补失误的意愿。不妨根据孩子的水平设置一些"悔棋"的机会——按下"撤销"键，就可以修复失误，孩子才会毫无后顾之忧地享受思考的快乐。

2. 在孩子难以突破的地方"不经意"地告诉孩子一些取得胜利的方法

有时孩子卡在某个地方太久，逐渐失去专注和耐心的时候，我会用"我才不会告诉你"的方式悄悄地给孩子"放水"——"我才不会告诉你我走这

一步棋接下来是为了……""我才不会告诉你需要用 ××× 招式才能打败我"或者假装自言自语，实则泄露解决问题的思路。孩子往往会在哈哈大笑中一边直击我的"弱点"，一边恢复了信心。

3. 在与孩子游戏前询问孩子需要的难度模式

与女儿下棋前，我会假装机器人的声音询问她："请选择难度模式，有简单模式、中等模式、困难模式，以及超级无敌困难模式。"她就会笑着选择一个她想要的难度，而我从她的回答就可以看出她对此抱有的信心程度，从而给予她相应的支持。

我注意到，在这种情况下，当她在某一个级别屡屡胜利，积累了足够的心理力量，她就会尝试挑战下一个难度；而即使是偶有失败，她也不会气馁，会攒足精神再次尝试，拼尽全力取得胜利。这时，她已经可以基本平衡两种感受了——享受胜利，以及享受挑战。再后来，就算我竭尽全力，也不一定能赢她啦！这时候，轮到她来给我调低难度模式了："要不要下一局我让着你一点儿？"

这让我更加确信，孩子越强大，越"输得起"，也越愿意遵守规则；而越"输不起"的孩子，越需要积累更多胜利的感觉，也更需要一些规则上的有利倾斜。

另外，让孩子赢，我们输，更利于我们为孩子展示如何应对失败、示范健康的胜负观。

家长们往往会在孩子输了的时候告诉他们"输了不要紧，有什么大不了

的"，甚至会责怪他们："不就是输了嘛，这有什么好哭的！至于吗？"但社会大环境传递出的信息，却并不像是"输赢没关系"——在学校里，老师自然地更喜欢考试成绩好的孩子；在小伙伴中，比赛赢了的孩子会得到更多赞扬；日常面对家人和朋友时，大家不经意中流露出来的，也是对"更高、更快、更强"的向往，即使是我们自己，很多时候，嘴上说着"输赢没关系"，但是当孩子获得胜利时，下意识表现出来的喜悦也在向孩子传递我们对输赢的真实想法。

赢，确实值得高兴，但是如何面对失败，除了这些空泛的道理，我们却很少有机会真正教给孩子。他们很少有机会能真正看到成人是如何面对失败、舔舐伤口、从失败中站起来的。他们眼中的爸爸妈妈总是"无所不能"，即使是面对失败，也像"没事人"一样，脆弱和气馁似乎不曾有机会被展示出来。而作为孩子，他们却做不到这样，这也会让他们不知所措。

但在游戏中，家长的态度和对输赢的心态却可以潜移默化地影响孩子，你想让孩子如何对待失败，首先自己就该示范如何对待失败。

我们可以这样做：

1. 夸张地装哭，然后振作起来

失败后伤心是很正常的，如果我们不允许孩子伤心难过，这些压力积累在心里，即使这次没发脾气，等到下次或下下次，往往容易以更激烈的方式表现出来。

我很喜欢在输掉游戏后假装夸张地哭起来："呜呜呜，我输了，怎么会这样……"甚至还会夸张地用手指蘸点水假装眼泪抹在脸上。孩子往往会

"欣赏"着我拙劣的"表演"，在哈哈大笑中释放掉由于竞争带来的紧张情绪——而如果总是对竞争有着紧张情绪，容易导致孩子缺乏健康的输赢观。

当然，"哭泣"结束，我总会一边喊着"我还会再回来的"一边"卷土重来"。孩子们会看到，失败后伤心难过很正常，哭泣也并不可耻，我们总是有勇气面对失败，并且从失败中爬起来。这些亲身体验，比讲一千遍"胜不骄，败不馁"有用得多。

2. 为孩子的成就感到开心，向孩子取经

除了用健康的心态面对自己的失败，我们也希望孩子能用健康的心态面对他人的成功。

家长们往往会在孩子取得胜利后，告诫孩子不要骄傲，事实上，如果我们总是这么做，孩子也很难欣赏他人的优秀和成功。

我们可以在孩子赢得游戏后，与孩子同乐。只需真诚地对孩子说："哇，你好厉害啊！你是怎么做到的！教教我吧！"这种欣赏也是在向孩子示范一种健康的羡慕而非嫉妒，以及向他人学习成功经验的积极心态。

3. 寻求双赢的解决方法

现实世界的竞争不仅仅有输和赢，也有双赢的解决方法；我们也可以把合作双赢的心态通过游戏带给孩子。

有次我带两个孩子一起玩扑克游戏"抽王八"，弟弟第一次就抽中了"王八"，不想输，闹了起来。我悄悄跟他说："你知道吗？其实当'王八'是很幸运的，一共只有一张王、一张'8'被留下来了，他们竟然都到了你

的手上，是不是很幸运啊？"于是弟弟接下来每一轮的目标都变成了"集王八"，每次他抽中了"王八"，都非常开心。还告诉我："我觉得我赢了，因为在我的国家，成为'王八'就是赢了。"

而姐姐呢，一点都不想当"王八"，由于弟弟在拼命地"集王八"，所以姐姐基本每次都顺利地成为第一个把牌出完的人，她觉得她也赢了，也满是喜悦。

于是每一次的结果基本都是弟弟集齐"王八"，而姐姐第一个把牌出完。弟弟总会高兴地说："我们都赢了！"姐姐说："可是妈妈夹在中间怎么能算赢呢？"我告诉他们："我陪你们玩的目的是让你们开心，现在你们两个都开心，我就也赢啦！"他们都满足地笑了。

赢，不是游戏的终极目标，联结才是。而共赢，则是这份联结能带来的最好奖励。

在平时的亲子互动中，我们也可以发挥"让孩子赢"的精神，创造机会为孩子赋能。

有一次，我和朋友带孩子出去吃饭。有个小朋友生病了，妈妈不同意她吃不好消化的东西。孩子看着满桌的美味佳肴，却不能吃，一开始只是闷闷不乐；后来，随着上菜越来越多，孩子慢慢有些恼怒了，开始哼哼唧唧，抱怨妈妈。看得出来，妈妈有点尴尬。

于是我压低声音对孩子说："我们来做一个游戏吧，妈妈既然不让你吃……你来挑选一个东西，我们也不让她吃，怎么样？"孩子很高兴，频频点头，选择了玉米。妈妈学过游戏力，于是很配合地可怜今今地说："我好想吃玉米。"孩子抿着嘴笑了。高高兴兴地接受了自己不能吃一些食物的事实，接下来再没闹过。

一个"装弱"的游戏，让"赢家"从妈妈变成了"孩子"，把妈妈和孩子之间"规则制定者 vs 反抗者"的关系拉回了对等的关系，孩子便接受了规则。

可能你会有疑问：游戏都是假的，孩子也不是真傻，真假还是能看出来的。家长装傻，可社会不傻啊，装傻对于孩子面对现实生活真的有用吗？
有用！

我很喜欢的一个游戏是：有时孩子明明可以自己做到的事情，却选择了依赖我去做，希望我来帮他做。我假装很有把握地信誓旦旦地说："这种区区小事自然难不倒我，包在我身上！"但做的时候却破绽百出，来一个大反转。孩子免不得哈哈大笑起来，忍不住告诉我说："你弄错了，应该是这样……"我顺势"不耻下问"，让他教我，一边"化身迷妹"赞叹着他的厉害之处，一边悄悄放手把自主权和胜任感归还给孩子。

孩子们当然能够分清家长并不是真的不会，但我们依然可以通过装弱的方式，让孩子获得信心。（前提是这是孩子自己的事，家长们切记：千万别把本来不属于孩子的责任借机推脱给孩子哦！）

其实成人在游戏中装傻、扮弱是有深刻的心理学含义的。这个过程除了可以引发笑声，与孩子产生心与心的联结，同时也可以帮助孩子获得信心，让孩子觉得强大。虽然游戏是假的，不是真实世界里发生的，但游戏中的体验是真实存在的，孩子收获的力量与自信的感受留了下来。从脑科学的角度来讲，孩子关于这个体验的神经回路被加强了。带着这样的力量，孩子就可以重新回到生活中，应对真实的压力与挑战。

而且在游戏中产生的笑声，会给孩子带来放松、敞开。所以说装傻、装弱、装笨是一个给孩子赋能的过程。

　　我儿子有一段时间喜欢学一些脏话回来。我们知道，这是因为在这个阶段，说脏话会让小朋友觉得自己很有力量。而"装傻、装弱"同样可以让孩子拥有力量感，这就可以替代说脏话带来的效果。于是我得意扬扬地跟他说："我才不怕你叫我×××呢，我才不会告诉你，我最害怕别人叫我'紫薯'！"

　　于是他有点惊讶地看了我一下，然后试探着叫了一声："紫薯！"我装着害怕发抖："天哪，竟然叫我最害怕的紫薯！"他笑了，不停地叫我"大紫薯""紫紫紫薯"之类的，我忘了发抖的时候，他还说："妈妈，你要演害怕！"可以看出，他知道这是个游戏，也知道我的"害怕"是"演"出来的，但依然会选择这个游戏带来的放松和联结。

　　还有，每次当我们和孩子玩扮演医生打针看病的游戏时，孩子扮演强者——医生，我们扮演弱者——病人，假装很害怕打针吃药，也会让那些害怕就医的孩子释放一部分恐惧的情绪，重获力量感。

　　有孩子之前，我们一直在努力学习让自己变得更强、更有能力、看起来更精明可靠值得信赖。然而这一套生存逻辑却往往让我们越努力越紧张，越认真越无趣，让我们成为大人之后只会用"强者"的方式灌输、说教，而这对孩子来说，是不公平的。

　　我们从小都在被教授如何去赢，然而赢家总是少数，但我们依然乐此不疲地去教孩子如何赢，往往是因为我们不知道怎样才能教给孩子如何面对失败。那么，就让我们从学着如何去输开始，学会放下自己一直以来想要赢的渴望，把这份赢的快乐让给孩子。让孩子拥有面对赢的自信，也拥有面对输的勇气。

游戏技巧 让孩子赢

让孩子赢，可以增加孩子的心理力量，提高自信心，释放生活中的受挫感，也可以借机为孩子示范健康的竞争意识。我们可以这样做：

● 允许孩子重来，直至取得成功

● 在孩子难以突破的地方"不经意"地告诉孩子一些取得胜利的方法

● 在与孩子游戏前询问孩子需要的难度模式

● 失败后夸张地装哭，然后振作起来

● 为孩子的胜利感到开心，向其取经

● 寻求双赢的解决方法

● 装傻、装弱、装笨，带给孩子放松、敞开的心态

● 放下头脑，打开身体，不用语言也能和孩子沟通

沟通效果 = 7% 语言 +38% 声音、音调 +55% 表情、手势、肢体动作

——艾伯特·梅瑞宾（美国语言学家）

你可否记得，当你的孩子还是个婴儿时，你是怎么陪他游戏的？拿着孩子的小手小脚，往嘴里一放，他就咯咯地笑了；拿起摇铃轻轻一挥，他就会循着声音，手脚并用爬过来；用一块手帕盖在孩子眼睛上，他就会屏住呼吸，手脚并用挥动起来，然后一把抓掉，看着你露出惊讶的表情，得意地笑

起来；哪怕最简单的抱着孩子像小飞机一样在屋里随意"飞行"，也会带来极大的快乐。那些时候，我们并不需要依赖语言，仅仅凭借肢体、表情、动作，就可以和孩子建立极为亲密的关系。

但随着孩子慢慢长大，他们掌握了越来越多的语言能力，你和他之间非语言的互动却好像被稀释了。你隔着客厅喊正在卧室玩的孩子若干遍："快来吃饭！"孩子常常置若罔闻。其实只要走到孩子跟前，搭着他的肩、牵着他的手来到饭桌前，孩子往往不会拒绝。他在跟你说话时，有多少次，你是一边看着手机一边应答？以为自己已经听懂了孩子所说的话，却忘了此刻孩子眼里看到的你正沉浸在屏幕中，和孩子毫无联结。

根据语言学家研究表明，人与人之间的沟通中高达93%是通过非语言进行的，只有7%是通过语言沟通的。在游戏中，涉及很多眼神交流、脸部表情、语音语调、肢体语言、姿势，还有回应的时间以及情感的流动，这些非语言信息当中的要素，都可以帮助我们和孩子建立心与心的联结。

用声音语调联结：

有一次坐车时间很长，我5岁的儿子无聊地闹腾起来，我给他放了一首歌，他跟着嘟嘟嘟地唱了起来，我就跟着他发出哒哒哒的声音应和着。

嘟嘟嘟～哒哒哒～儿子在同步的声音中慢慢平静了下来。

后来"嘟嘟哒哒"不知不觉就成了我们之间一门独特的暗语，一个人发起，一个人跟随。

有时走在路上，他会突然说："嘟～嘟嘟嘟～嘟～"

我说："哒～哒哒哒～哒～"

他说："嘟～嘟嘟～哒～"

我说："哒～哒哒～嘟～"

本来无聊的路程，也变得有趣了。

有时我在书房里工作，他在客厅玩耍，突然想起我来了，就会说："嘟嘟嘟~嘟~"

我回应："哒哒哒~哒~"

孩子确认一下我的存在，就继续安心地各做各的事情。

用肢体语言联结：

有天晚上我结束工作从书房出来，碰到女儿在走廊上做吊环，好像有点闷闷不乐，不知发生了什么，反正并不打算搭理我的样子。看她不说话，于是我也伸手在她的吊环上方的横杠上一吊，和她贴在一起，用腿夹住她一起晃，马上看到她露出了笑容。又玩了两次，她就开心了，顺利地去洗漱睡觉了。

用表情神态联结：

儿子刚刚开始学写字时总要我在旁边陪着鼓励他，否则很容易畏难放弃。写了一行字，就要看我一眼，意思是："看，我写得怎么样？"这个时候肯定要不失时机地送上刚刚好的鼓励了，于是我瞪圆眼睛，频频点头，做出欣赏、肯定状，只见他十分满意地拿红笔圈出了自己觉得写得不错的字，然后接着写下一行了。

非语言的信号，并不需要我们去想什么教育中的大道理，也不受年龄、文化、表达能力的限制，但这些非语言信号背后的情感流动对于孩子的身体、大脑、情绪的调节非常重要，这些温暖的、响应性的互动能够让孩子感到——我百分百地和你在一起，我百分百地理解你。使用非语言的方式，也让孩子能够感到，自己并没有被评判，他们的一切是被接纳的，孩子也会被我们的状态感染，更容易找回身心合一的平衡感觉。

与此同时，互动性极强、强调肢体接触的打闹游戏，作为另一种形式的非语言互动，也在亲子关系中起着举足轻重的作用。

脑科学研究表明，当孩子和父母玩打闹游戏时，大脑中的多个区域被激活，包括调控情绪的杏仁体，处理复杂运动技巧的小脑、负责认知和决策的前额叶皮质等。动物行为学家甚至发现，越聪明的物种，它们的幼崽之间会越频繁地进行打闹游戏。而在这些打闹游戏的过程中，动物的大脑会分泌脑源性神经营养因子（BDNF），这些因子会促进大脑中负责高级学习能力、记忆力、语言表达和逻辑推理能力的区域中神经元的增长。打闹游戏也会激活大脑中负责运动协调、创造力、情感依附能力的区域，促使联结这些区域的脑细胞增多，促进孩子智力发育和情感发育。

而且，在一场强度适中的打闹游戏中，亲子之间不断经历情绪亢奋和冷静的循环，这也非常有助于孩子学习控制激烈情绪。除此之外，与语言交流的方式相比，打闹游戏中频繁的眼神交流能提高孩子识别他人情绪感受的能力；而打闹游戏也给孩子提供了宣泄隐藏的负面情绪的机会。

很显然，与仅仅是通过言语的方式交流相比，打闹游戏激活的大脑区域更丰富、更全面，孩子大脑得到的锻炼和能力的提高更充分。也正因为此，它也能起到提高学业成绩和社会交往能力的作用。可以说，打闹游戏不仅仅是身体的运动，更是一场大脑的体操。

提到打闹游戏，最经典的当然是"枕头大战"了！游戏过程很简单：父母和孩子分别拿一个枕头，宣布开始时，双方努力用枕头打对方，同时避免被对方打到。整个游戏的过程往往充满笑声，差不多 10 分钟之后，你们会发现自己已经筋疲力尽，孩子的情绪会逐渐平稳下来，再完成接下来的任务时就会顺利得多。

女儿刚上小学的时候，当时还没有"双减"政策，每天作业都很多，女儿是零基础上学，不管是书写速度还是基础知识的掌握都和其他小朋友不在同一个水平线上。她上课又非常认真，无论是课堂纪律还是上课认真听讲的程度都要求自己做到很好。这样一来，在学校的时间和回家之后都处于相对比较紧张的状态。眼见孩子就像一个绷紧的齿轮转啊转啊，肉眼可见的笑容都减少了许多。

于是，我们在每天回家之后增加了 15 分钟的"打闹游戏时光"，一方面释放孩子在学校遵守纪律、自我克制时带来的压力；另一方面，在碰撞中让孩子体会自身的力量感和成就感。

由于孩子的身高有限，他们会站在床上或沙发上，我和爸爸则会站在地面上，全家人挥动着枕头互相"攻击"、闪躲，两个孩子往往会合作起来攻打我们，他们还发展出各种"战术"——一个孩子灵活地跳跃、吸引我们的注意力，另一个孩子趁敌不备输出火力、予以暴击。我和爸爸经过"浴血奋战"后"终于不支"，败下阵来。

可以看到，孩子在打闹游戏过后更加放松，学习时状态也更加投入；如果前一天进行打闹游戏，次日送孩子去上学的时候也会更加顺利，情绪状态也更加愉悦。在打闹游戏的加持下，孩子一直对上学保有着稳定的兴趣，对自己的学习也有着持续的信心。

除了枕头大战，还有很多有趣的打闹游戏能够帮助父母们和孩子迅速建立稳固、亲密、持久的亲子关系。

肉夹馍

爸爸和妈妈把孩子夹在中间，紧紧拥抱。这个紧紧拥抱的感觉很多孩子都非常喜欢。因为和父母的亲密肢体接触，会给孩子带来很大的幸福感。

卷白菜

手拉手，可以连很多人，一个人当菜心，外面的人把里面的人包起来。两个人也能玩。

压路机

大人仰卧在地，让孩子趴在大人肚子上，用手臂搂住孩子，和孩子一起翻滚吧！注意过程中手肘撑地，以免压在孩子身上。

碰碰车

衣服里塞上抱枕或毛绒玩具，与孩子一起碰撞，碰的过程中口中可以发出"砰砰"的声音。

抢袜子

全家人坐在地板上，每个人脚上都穿着袜子。游戏开始时，大家彼此去脱对方的袜子，同时要保护好自己的袜子不要被脱掉。如果想要提高游戏难度，可以划定一个活动范围，或者规定某个身体部位不能离开地面。这类游戏目的是增进联结和力量感，而不是赢得比赛，所以家长记得不要使出全力，过程中要尽量让孩子赢。

就不让你走

从后面抱着孩子，不让孩子离开，孩子要想办法挣脱束缚。家长可以夸口自己很强大，一定不会让孩子逃走。但是在游戏中，要假装总是不小心让孩子跑掉，并且捶胸顿足，夸张地说下一次一定不会让他跑掉！每到下一轮就根据孩子的状态，适当增加难度，让孩子体会到紧张感，用尽全力又能成功逃脱。这种最初充满紧张，但努力最终逃脱的释放，对于生活中降低孩子的紧张和焦虑感很有帮助。同样，也会非常有助于孩子增强自信，让孩子体会到自己在游戏中的力量感、成就感、掌控感。

一指禅

假装孩子的手指有魔力，一碰到你，你就会夸张滑稽地倒下去。当然，你也可以给自己加戏，比如挣扎着站起来："不可能，我怎么可能会被一根手指打败。我又要卷土重来了！让你见识见识我的厉害！"然后孩子又一指头戳过来，你再滑稽地倒下去，不甘心地叫嚣。你当然可以给自己每次都加点不同的戏，飙演技的时刻到啦！这个游戏可以帮助孩子获得自信，因为他可以轻易地打败大人。特别是孩子正在经历一些挫败感时，可以利用这个游戏很好地给孩子"充电赋能"。

你随时随地可以和孩子一起发明属于你们自己的打闹游戏，也可以尽情地在打闹中增加各种想象的元素：勇猛的战士、不可一世的超级英雄、粗手笨脚的劫匪、出其不意的魔法师……在游戏的过程中，你会发现孩子不知不觉拥有了更强的想象力、解决问题的能力，以及说故事的本领。而且孩子在打闹游戏中不断地自我挑战，也收获了我们期待他们拥有的坚持、自信和勇气。

打闹游戏中身体的接触，带给人非常亲密的感觉。好像距离一下子拉近了。玩过打闹游戏，能感觉到孩子们很放松。而且在高质量的打闹游戏之后，孩子总是表现得非常快乐、满足、乐于合作。

因此，每当家长们咨询我，在遇到孩子很抗拒的事情，如学习、刷牙、练琴该怎么办时，我往往会建议他们先和孩子玩 5~10 分钟的枕头大战或其他打闹游戏，玩完之后会发现再要求孩子去完成该完成的任务，会轻松许多。可以说——没有什么是一场枕头大战解决不了的，如果有，那就再来一场！

游戏是孩子的语言，不管是声音语调、肢体语言，还是表情动作，抑或是一场打闹战斗，都是跟孩子交流联结的极好方式，而且效果往往好于成人式的说教。如果我们仅仅靠成人式的言语方式来与孩子沟通，就否认了亲子之间交流的另外一种表达方式。

游戏技巧 打闹游戏

为了让打闹游戏更好地发挥效果，我们可以这样做：

- 保证安全
- 约定停止游戏的暗号，遇到特殊情况时立即喊停
- 不要用强制挠痒痒的方式逗笑孩子
- 可以用装傻扮弱的方式让孩子感受到有勇气尝试
- 过程中尽量让孩子拥有"浑身充满力量"的体验，最后让孩子赢
- 时常休息一下，避免情绪失控
- 充分鼓励父亲参与

● 一个秘诀，随时把挑战转化为即兴游戏

困扰我们的并非事物本身，而是我们看待它们的观点。

——哲学家伊比克

我总是能从小婴儿身上学到很多。当我儿子还是个小婴儿的时候，喜欢玩一个"扔玩具"的游戏。他总是大声喊我过来，然后假装没看见我，一边把玩具往床的边缘悄悄推动，一边嘴角带着狡黠的微笑，悄悄偷瞄我的反应，我只要假装气呼呼地"大呼小叫""吹胡子瞪眼睛"，他就会高兴地咯咯笑起来。我很喜欢他这个笑，这个笑声可以说是他自导自演自己当观众的一场情景喜剧而产生的。他并没有把"乱扔玩具"和"妈妈发火"这两个行为看成是"不好的"，而是看成了他游戏中的两个元素，当他发动了行为 A，就会引发行为 B。可以说，是他选择了用"有趣好玩"的视角来看待"丢玩具"的时候"妈妈会生气"这两个本来并不那么愉快的行为，从而"设计"了这个游戏。

高尔基说过："游戏是儿童认识世界的途径。"对于孩子来讲，生活本身并没有正确与不正确、严肃与不严肃的对立，他可以直接将他的世界都体验为"游戏性的"，一切可以进入他的视角的东西都可以被游戏化。那么，如果我们大人也借鉴一下孩子看待问题的方式，主动选择用"有趣好玩"的视角去重新审视孩子带来的"挑战行为"，甚至是生活中的"挑战时刻"，又会发生什么呢？

　　有一天我女儿吃着一包虾条，不愿意分享给弟弟，弟弟气得打了姐姐一下。姐姐有些生气，更不给弟弟吃了，就在姐姐准备还手的时候，我想起了他们那段时间刚好对奶牛感兴趣，于是灵机一动，跟他们说："咱们玩一个游戏吧。弟弟是打屁股怪兽，姐姐是虾条奶牛。怪兽轻轻拍下奶牛，奶牛一边吃草（虾条），同时生产一根虾条给怪兽。"然后他俩就高兴地玩起了拍奶牛产虾条的游戏，开心地把一包虾条分完了。

　　在这个故事里，我用到了一个方法——把孩子带来的挑战看成是一个游戏，把孩子的行为化作一个游戏中的元素。拿做饭来打个比方，就好像姐姐提供了番茄，弟弟提供了鸡蛋，我呢，把他们的行为汇合在一起，加点调料，做一个番茄炒蛋。姐姐提供了"虾条"，弟弟提供了"打一下"，结合在一起就成了拍奶牛产虾条游戏。

　　不管是孩子不愿分享还是打人，其实都是我们通常所说的"问题行为"，当我们以"这孩子是怎么回事，我得纠正他"的视角看待他们，会容易紧张、焦虑，因为他们发生冲突而烦躁。而如果我们能改变原来的看法，从一个新的、有趣好玩的角度去看待这个行为，就可以赋予它一种新的意义，把它转化成一个即兴的游戏。这样的处理方式，家长自己也不那么焦虑，也能用孩子的行为跟孩子建立很好的联结，从而轻松化解问题。是不是蛮有趣的？

　　这里分享把挑战行为化为即兴游戏的两个小技巧——联想和"Yes，and"（"是的，而且"）。

1. 联想

顾名思义，联想就是当我们看到问题行为时，不要着急贴标签、下结论，而是发挥想象，看看这个行为像什么有趣的事物，与之关联，然后与这个新事物互动。上面例子中虾条奶牛的游戏就采用了联想法，借鉴了奶牛吃草产奶的喻体，把孩子的行为转化成了游戏。

有次我带孩子去游乐园，到了之后才发现有很多项目姐姐能玩，但弟弟不能玩。弟弟很是不快，虽然我跟他解释了，但他还是闹起了情绪，他噘着嘴，抱着我的腿，哪里都不让我去。游乐园有很多人，说不尴尬那是假的。我看他挂在我的脚上，像一只大靴子，就说："咦，我怎么有一只大靴子？""好重好重的大靴子，哎呀，走不动了……"

但是他还是抱着我的腿不放，不让我走，看来他的情绪温度还是很高，所以我需要继续帮他降温。我蹲了下来，他呲溜一下爬上来趴在了我的背上，还是哪里也不让我去，活像一个怎么甩也甩不掉的大书包。于是我说："哎呀，怎么少了一个大鞋子，多了一个大书包？""这个书包好沉呀！"然后左摇右晃假装被他这个"书包"压得直不起身。

他被我逗笑了。我说："让我看看书包里面是什么？"于是把"书包"放在了地上，假装拉开"拉链儿"，在里面翻找东西，实则摸摸胳膊，摸摸肚子，摸摸腿。他被摸得痒痒，笑了起来。我又反复开合了书包几次，他笑了好一会儿，心情好了起来，放过了我，去游乐场继续玩他能玩的项目了。

把抱住妈妈腿的孩子，联想为大靴子；把伏在妈妈背上的孩子，联想为大书包。可以说，联想为双方用新视角看待旧问题引入了新的素材，避免了陷入原有的对抗模式，也就为解决问题带来了新的转机。

一次，我带两个孩子出门，不记得是为了什么他们争吵起来，眼看着他俩挤来挤去推搡了起来，刚好前一天玩过碰碰车，看到他俩推推搡搡的样子，正像是两个碰碰车在互相碰撞，于是赶快喊停他们，提议转化为一场碰碰车的游戏，于是，他们俩分别扮作碰碰车，互相咣咣咣地碰撞着，嘴里还配上了碰撞的声音，在打闹游戏中释放了情绪，在欢笑中重建了联结。

两个孩子天生需要共享同一个爸妈的时间精力，发生冲突是很平常也很正常的情况。决定关系的并不是联结断裂了多少次，而是联结重建了多少次。而正是一次次联结断裂又重建的过程，让联结变得越来越牢固，也越来越经得起时间的考验。而有趣的联想，把冲撞推搡联想成了碰碰车，把碰碰车场景中原有的欢乐体验也迁移到了当下的情景中，唤起了孩子们美好的回忆，冲突解决起来也就容易多了。即使是事后要跟孩子复盘讨论，在融洽的气氛中讨论也比在紧绷的气氛中讨论效果要好得多。

一般情况下，能够让家长觉得挑战的行为，其实都不是在生活中第一次发生，让我们感到头痛的往往并不是这个挑战本身，而是它频频发生，让我们和孩子之间的关系因此变得紧张，一遇到相似的情境，双方都能感到"山雨欲来"的紧张感。而联想的方式，让我们有机会把面对"山雨"的恐惧，转换成用好奇、有趣的视角去看待即将到来的"山雨"，以游戏的方式来扭转困境，缓和了关系，使大人有机会想一想怎样才能更好地解决问题，也让孩子感到妙趣横生、出其不意。

2."Yes, and"（是的，而且）

"Yes and"这个说法来源于即兴喜剧中的一条核心原则，直译过来就是"是的，而且"。"Yes"指的是接纳，也就是说不管队友在舞台上创造出什么，你都要接受，包括他的身份，他给你的设定，他台词里的一切信息。"And"讲的是添加，你给了我一个信息，我在你的基础上添加一个信息还给你。就好像你搬来一块砖，我在你的基础上也搬来一块砖，搭着搭着，两个人最后就把整个房子给搭起来了。如果其中一人总是否定对方的建议，说"No"（不），舞台上的创造就很难再继续下去了。

打个比方，孩子晚上作业还没写，但还是想去玩一会儿，跟妈妈说："我要玩一会儿。"妈妈的反应如果是"No"——"不行，先写完作业再去玩！"很容易跟孩子陷入权力冲突。或者孩子虽然去写了，但是不高兴，边写边玩，效率低下。妈妈的反应如果是"Yes，and"——"好啊，你很懂得劳逸结合。那等会儿需要我过来提醒你写作业的时间吗？你看 ×× 时间合适吗？"先认可对方，再给出建设性的信息，在接纳的状态下，人们才更容易把注意力放在应对，而不是抗拒上。

心理学家李松蔚曾经举过自己育儿的例子。有一段时间，他的女儿吃饭很慢。于是，李松蔚跟女儿说："来，我们比赛，看谁吃得更慢。"孩子一听，非常开心，父女俩就慢慢吃，最后当然是女儿赢了。李松蔚说："好，下一次我们再来。"比了好几次，都是孩子赢。然后李松蔚就说："那我们下次比谁吃得快，你肯定比不过我。"他女儿说："那可不一定。"结果可想而知，下次吃饭她吃得飞快，她又赢了。

吃饭慢可能是很多家庭都会遇到的问题，李松蔚老师并没有把吃饭慢看成是一个问题，致力于"解决"它、"消灭"它，对它说"No"，而是把它看成是一个资源、一个游戏素材，在"Yes"的基础之上加了"And"，把它变成了一个"吃饭慢的游戏"——"慢"不再是问题，而是变成孩子的一

种能力，这时孩子就可以自由掌控，自己选择到底要不要慢一点，吃饭的过程愉悦了，吃饭慢的阻力自然而然也就被慢慢消解了。

有一天吃早餐时，我儿子嫌姐姐吃了太多面包没给他留，跑来跟我告状，因为有情绪，所以一直不好好说话，哼哼唧唧的。时间比较紧急，哼哼唧唧的表达更是让人烦躁，如果强行纠正，让他好好说话可能会耽搁更多的时间，于是我尽可能带着轻松的语气说："你现在这样哼哼的说话我听不清，你能不能给我一个理由？难道，你是在说外星语吗？"弟弟嘴角向上一弯，出现了一点笑意，哼哼唧唧地说："我是有理由的，因为我在哼哼国呀！我们国家的人就是这么说话的！"说完扑哧一声，我俩都笑了。

我顺水推舟地说："哦，原来你在说哼哼语啊！那你觉得如果姐姐在这，姐姐可能会有什么理由呢？"弟弟说："姐姐会说：'我也是有理由的，我肚子里有一个小人，我吃的时候得要吃两份，一份给我，一份给他！'"说完自己哈哈笑了，也不再哼唧了。趁着孩子情绪缓解，我问他："你们哼哼国的人除了面包，还喜欢吃什么呀？"接下来再解决早餐的问题就容易多了。

对哼哼唧唧的行为说"Yes"，并且加上了"找理由""外星语"的信息，就演变成了一个"找理由的游戏"。用孩子气的一个普普通通的行为激发出了一对好玩的人物关系和一段好玩的对话。关系到位了，问题也就迎刃而解了。相反，如果我们只是把哼哼唧唧当一个坏毛病来看待，制止它而不是和孩子共创，那么创意的链条就延伸不到闪亮的地方。

有一位学员妈妈告诉我，她有两个孩子，平常也经常一起玩，但有时候，大宝生气或者有负面情绪的时候，就会对二宝说"你再如何如何，我就

090

杀了你"之类的狠话，这时二宝就会哭闹起来，弄得鸡飞狗跳。于是在我的建议下，这位妈妈开始尝试把大宝的狠话看成一个游戏，当大宝再次说要杀死二宝的时候，妈妈抱着二宝一起假装四仰八叉地倒下，同时用好玩夸张的声音说："啊，我们被杀死了！你的目光怎么这么厉害！"大宝忍俊不禁。妈妈拿着一个枕头挡在身前再次逼近大宝："这回肯定不怕你了！"但刚走到大宝跟前就再次假装四仰八叉倒下了，大宝忍不住哈哈大笑起来。而二宝也觉得好玩，于是三个人玩起了"眼神杀"的游戏，紧张的气氛就这样被化解了。

妈妈对大宝的狠话说"Yes"，然后加上了"倒下"的动作，就变成了"眼神杀"的游戏，让大宝感受到"我的愤怒是可以被接纳和释放的"，又保护了二宝不因为大宝的狠话而感到受伤，谈笑间就化解了冲突，在即兴的游戏中修复了两个孩子之间的关系。

我儿子曾从宽松的家庭式幼儿园转到了相对严格些的公立园，有一段时间颇有压力，甚是怀念之前的幼儿园。有一天早上不想上学，跟我抱怨新幼儿园规则多，想回到以前的幼儿园。我本能地想说服他："你看新的幼儿园多好，地方更大，有×××好玩的设施，卫生更好，食物也更丰富美味……"可是他再一次念叨了："可是我就是不想上幼儿园，我想回以前的幼儿园。"说完嘟哝了一句："之前的幼儿园哪都好，就是马桶有点脏。"我看到劝说无效，意识到需要先接纳他的情绪。于是重复道："是啊，之前的幼儿园哪都好，就是马桶脏。那现在呢？现在的幼儿园哪都好，就是严格，是吗？"他说："是啊！"我说："那我们家呢？如果说我们家哪都好，就是如何如何的话，你会说什么？"他说："我们家哪都好，就是不能每天待在家不上学。"我哈哈笑了起来："是哦！你接得真好，真的是这样哎！

那爸爸呢？爸爸哪都好，就是……"

于是我们玩起了"×× 哪都好，就是 ×× 不太好"的游戏：

"爸爸哪都好，就是有点……"

"姐姐哪都好，就是有点……"

"妈妈哪都好，就是有点……"

"我哪都好，就是有点黏妈妈。"

说完自己都笑了，然后说："妈妈，我发现了！什么都有好有坏。什么都好，没有一点不好的东西，是想象力想出来的。"我说："哇哦！你有一个重大发现哟！"然后他笑眯眯地上学去了。

对孩子的抱怨说"Yes"，然后加上了"×× 哪都好，就是 ×× 不太好"的吐槽，就变成了一个吐槽游戏。在吐槽游戏中，孩子有机会释放生活中的不如意，表达自己对世界的看法，同时也可以用游戏和想象来对冲现实世界的不完美。从而在轻松的氛围中调整自己的期待，与不完美相处，发展出更强的复原力。

上面这些案例都有共同的特点——游戏化的互动方式经常能极大地改变家长对"问题行为"的理解，帮助家长用更开阔、较少评判的态度看待孩子，从而为"挑战"带来了更丰富的回应方式和更广阔的视角。如果你平时经常对孩子某些行为说"No"，请你做个小小的实验，尝试着对它们说"Yes"，看看结果会有什么不一样。

你也许会说："玩是玩了，可是这样不会惯着孩子吗？对孩子形成好的行为习惯有什么帮助吗？"

没错，上述这些技巧经常能够带来欢笑，而欢笑往往能奇迹般地改变行为问题。当然，也许并不是每一次都能解决当时的问题。但它能够帮助我们改善对孩子行为的看法和回应方式，改变我们面对挑战时的感受，让我们在面对挑战时不那么无助，而是更加放松和从容，减少因为孩子的行为带来的厌恶和烦恼之情，从而减少亲子之间的冲突。

游戏，是孩子最喜欢的方式，他们的感受会是舒服、清爽，有改变自我的空间，也更有机会发展出自主性。想要孩子养成好的行为习惯，只有在松弛、轻松的氛围里"上道儿"，才更有可能迈出下一步、下下一步，更有动力把好行为维持得更远更久。如果总是采用严肃紧张的沟通方式，就像在孩子形成好的行为习惯的路上埋下了隐形的"绊脚石"，甚至是"定时炸弹"，影响了亲子之间亲密的关系，好的习惯更难以长期维持。

如果你担心："我平时生活中并不是很幽默的人，如何练习自己抛梗、接梗，让游戏继续下去的能力呢？"这里有个即兴喜剧中的游戏推荐给你：

"送礼物"游戏

一开始 A 要送 B 一个没用的东西，而 B 要热情地接受，而且还要解释为什么这个东西对他来说有用。

比如：

A 说："这把瓜子壳送给你。"

B 可以说："太好啦，我正找东西剔牙呢。"

非常简单对不对？你可以和孩子或其他人一起试着玩这个游戏。记住，

一定要先大声地说："太好啦！"这个"送礼物"的游戏就是让我们练习接受一切，而且还要化废为宝。可以说，用"问题"的眼光看世界，满世界都是问题；用"资源"的眼光看世界，满世界都是资源；用"游戏"的眼光看世界，满世界都是游戏素材。

养育中总会遇到形形色色的挑战，并没有一劳永逸的应对方式。有一句流行语是"打不过就加入"，当我们拗不过现实中总会发生的种种问题，索性顺势加入，把挑战看成个游戏，既不伤害孩子的感觉，还能用幽默的方式拉升孩子的感觉，快速完成状态的切换。与其"愁眉苦脸"，不如"主动迎接""笑着面对"。这，不是一种妥协，而是一种升维。

游戏技巧 把挑战行为看成一个游戏

几乎每种我们不喜欢的行为都可以转变成游戏。不要以问题的眼光看待孩子，把孩子看成问题，而是把孩子的行为和问题分开，把孩子的行为看成游戏中的元素，用独特的眼光去寻找其中的有趣之处，孩子开心，家长也轻松。

打开脑洞，转换游戏的视角，我们可以这样做：

- 联想

- Yes，and

你也许会惊讶地发现，加入孩子的行为，让它变成大家一起做的趣事时，问题往往会不翼而飞。即使暂时没有看到效果，只要我们坚持用积极的方式对待孩子，孩子对我们的信任定会越来越多：信任我们会用积极的方式回应他；信任我们情绪稳定、乐观宽容、可以沟通；信任我们内心笃定，始终与他同一战线，好的结果自然就会发生。

第4章

玩出情绪调节力

若与情绪展开争斗，我们就无法培养与情绪的亲密。"亲密"暗示着友谊——只有与情绪建立友谊，我们才能从中受益。

——罗伯特·马斯特斯（心理学博士）

如果你有这样一位朋友：每每在你遇到危险的时候，他会让你突然获得平时不曾拥有的速度和力量，能够保护自己、保护家人；在你的界限被侵犯的时候，他会让你敢于说不、勇敢抗争；在你遭遇损失的时候，他会让你暂时放下面子、放下控制，让你更加清晰地看到自己拥有的一点一滴……你会欢迎这样一位朋友吗？

我想对面的你，一定会毫不犹豫欢迎这位朋友，甚至会感激他，曾经帮了我们那么多。

但如果我告诉你，这个朋友的名字叫——情绪（以上三个场景分别对应恐惧、愤怒、悲伤），你又会怎么想呢？

很多人在长大的过程里，慢慢形成了这样的观念：有情绪是不好的，情绪是一种负担。有时甚至自己也没意识到自己有这样的念头。当我们怀抱这样的心思，在情绪这位"老友"造访的时候，一般会有典型的两种迎接它的姿态：

第一种，面对情绪，我们不知所措，于是把全部主动权交了出去，让它来当老大，完全主宰、毫无边界地为所欲为。当时可能一时爽，过后又很懊恼。

第二种，面对情绪，我们担心害怕，回避它的光临，把它强行关进内心中的"地下室"，假装它从来没来过。但是它其实并没有因此消失，过一段时间它会以更生猛的节奏开始反弹。

当我们用这样的方式招待情绪这位"老友"，如此不被欢迎的它越来越渴望被看见，有时就会破门而入，让我们觉得："好可怕啊！我再也不要这样的事情发生了！"就会紧紧地把心门锁住。哪怕是有一点情绪来了，都会如临大敌。

其实，情绪每一次造访都是在提醒我们："嘿，有一些事情发生了！我来提醒你啦！"

愤怒，来自受到不公的对待或者威胁，我的权益将会受到侵犯，它给我们提供对抗的力量。

恐惧，意味着危险即将靠近，它在警诫我们保护自己，避免更多伤害。

悲伤，是因为无可奈何的丧失，它提醒我们珍惜所拥有的。

如果我们打开门对"情绪朋友"说："嗨！我看见你了。我收到你的信息了，我会处理这个信息的。"这个情绪就会流动起来，穿过我们的家，从后门出去。

它不一定是对客观世界的如实反映，譬如把墙上的弓看成蛇而吓了一跳，它可以说是一个错误的判断，带来了恐惧，但是如果我们收到这个信息，定睛一看，判断自然会被修正，免不了会哑然失笑；相反，如果有人在此时吼道："一把弓而已，怕什么怕！"那我们要应对的，就不仅仅是恐惧了，还有被责骂带来的羞愧、愤怒、自我怀疑，等等。

并不是情绪有问题，而是我们应对情绪的方式决定了面对这位"老朋友"的时候是正向还是负向的体验。有时是不当的回应方式把一个小问题变成了大问题。

人类的情绪是行动的强大能量来源。它是我们与生俱来的朋友。和情绪的关系影响着我们的幸福感、创造力、对生活的意义感、解决问题的能力。当我们作为父母能接受"自己有情绪是很正常的""孩子有情绪是很正常的"，情绪才会自由流淌，而我们的孩子也可以学会正确地和情绪相处，从情绪中获得力量。

本章前三节，我将会以愤怒、恐惧、悲伤三个最常见的"情绪朋友"为例，分享与孩子的情绪相处的具体方法；第四节将会谈到对于复合和强烈的情绪的应对方式；第五节将会谈到作为家长我们也会有情绪，如何帮助孩子理解他人的情绪。

情绪来临时，大脑发生了什么？

我们可以把大脑想象成一座两层的小楼，下层大脑（也被称为情绪脑）负责基本的胜利功能（比如呼吸、眨眼）、强烈的情感（比如愤怒、恐惧）等。上层大脑（也被称为理智脑），它控制人类更高级的理性思维功能，比如决策力、自控力、自知力、情商等。上下两层大脑联结并运转良好的时候，上层大脑可以管理下层大脑的行为，并帮助下层大脑平息强烈的情绪冲动，人们可以调节自己的情绪，做事考虑后果，凡事三思而后行并且能够考虑别人的感受。[1]

---

[1] ［美］丹尼尔·西格尔，［美］蒂娜·佩恩·布赖森. 全脑教养法 [M]. 周玥，李硕，译. 北京：北京联合出版公司，2017.

但上、下层大脑发育的时间不同。下层大脑在孩子出生时就已十分发达，所以孩子各种喜怒哀惧的情绪一点都不比大人少；而上层大脑要到 25 岁左右才能够完全发育成熟。所以指望这个未完工的上层大脑全自动运行而不出状况，是不切实际的。我们常听到一些对儿童青少年的抱怨，例如："答应了但做不到""脾气很暴躁"——孩子的上层大脑未完工，就是解释这一现象的重要原因。[2]

例如：孩子在超市看到琳琅满目的零食和玩具，要求妈妈买。妈妈没有答应，孩子大喊大叫、踩脚，对妈妈拳打脚踢。当孩子被拒绝后，会感到失落、愤怒。如果这个情绪来得又快又强烈，就像下层大脑不幸失火了一样，此时他的哭闹就像求救信号："我的上层大脑断线啦！很难控制自己！快点来帮我灭火，帮助我想法子冷静下来！"

作为父母，我们可以做的是：当孩子的上层大脑掉线的时候，当一个外挂的上层大脑，迎接和照顾他们的情绪，帮助孩子联结情绪脑和理智脑，从而平复下来。当父母能够把握好这些机会，帮助孩子提高他对情绪的认识和应对经验，孩子会在一次次情绪流淌的体验中拥有更多与情绪相处的智慧。

---

[2]［美］丹尼尔·西格尔，［美］蒂娜·佩恩·布赖森．去情绪化管教 [M].吴蒙琦，译．北京：机械工业出版社，2022.

● "都怪你，都怪你！"

——安抚愤怒的情绪小怪兽

当孩子愤怒地发脾气的时候我们可以怎么做呢？下面分享一些简单又很实用的迎接愤怒情绪的方法：

1. 将愤怒的情绪形象化、可视化

情绪是个抽象的概念，也就是一个看不见、摸不着的"朋友"。而对于孩子来讲，要表达主观世界中的概念、情绪、关系等不具象的东西时，往往会有"心有余而力不足"之感，更别提去面对和迎接它们了，所以帮助孩子应对这位看不见的"朋友"的核心就在于——把它具体形象地展现出来，变成直观的形象。一切能让孩子觉得情绪是可以看得见、听得见、摸得到的方法都是可以尝试的。

有一个非常有用的游戏，我把它叫作"我的情绪像什么"。当孩子有情绪的时候，我们可以询问孩子的感受，或者帮他说出他的感受，接着邀请他用想象力去描述这个情绪感受的大小、形状、质地、轻重、颜色，等等。越能够可视化、具象化，越能够帮助孩子恢复。

有一次我的女儿很生气，我问她："你的生气像什么？"她告诉我她的生气像一匹小马，是红色的，还给我比画有多大。我问她："小马在干什么？"她告诉我小马在奔跑。于是我邀请她一起想象小马奔跑在大草原上，周围有花香，有小鸟叫，有蓝天白云。过一会儿再问她小马在干什么时，她

100

告诉我她的小马跑得越来越慢，最后停下来吃草了，颜色也从红色变成粉红色的了。孩子的情绪慢慢平复了下来。

有位好友是这样跟孩子解释情绪的："有时候我们会不高兴，就好像心里飘过来一朵乌云。有时候乌云很小，有时候很大，有时候还会下雨，我们就哭了。乌云会来，也会走。乌云走了，天晴了，太阳出来了。"当孩子难过的时候，自己就会说："妈妈，我心里下雨了。"用这样的方式，开始一段对于情绪的探索。

怎么样，是不是觉得这些比喻画面感很强？难以描摹和操控的情绪，经由具象化的想象，变得能够看到、听到，变成了身边好理解的元素，也就更容易直观地感受和表达出来了。能够更好地和愤怒这位"朋友"相处，孩子也就恢复了对自我的掌控感。

除了让情绪看得见，还可以让它摸得到。比如：把生气、愤怒的情绪吹进气球里，然后击打气球，再把它们一个一个放气，甚至可以把气球扎破，也是让愤怒流动的好方法。当然，其他情绪也可以参考以上方法进行处理。

2. 将强烈的愤怒情绪逐级降温

愤怒有时候来势汹汹，父母很难一下子就帮助孩子平复下来，我们需要意识到这是一个正常的生理和心理过程，并不是孩子有问题，或者我们自己做得不够好，只是需要更多的时间让愤怒流淌，让爱与联结回归，一点一点回到放松、合作的状态。

　　我接儿子迟到了，远远一看，他不太高兴地噘着嘴，估计要发作。果然，他大喊大叫："都怪你！讨厌！"即使我道了歉，依然哭哭闹闹的。

　　我蹲下来试着安抚他："你很生气，你觉得妈妈说话不算数。"

　　他哭着说："你要给我买好吃的！"

　　我说："你觉得我应该给你带个好吃的弥补你，结果妈妈什么都没有带，你很失望。"

　　他说："我再也不爱你了！我再也不给你捶背按摩了！"

　　我说："你想用这种方式告诉我你非常非常生气。你的情绪小怪兽都要冲出来了。"

　　他喊："我的情绪小怪兽要出来打你！把你打败！"

　　我抱着他说："那我就让我的情绪大怪兽出来抱抱它，大怪兽就说：'哎呀，你这个红色的生气小怪兽，一看就是我的孩子呀，你看我也是红色的！'"

　　他停下来噘着嘴，于是我接着说："接着黑色的害怕大怪兽也出来抱着小怪兽说：'哎呀，你这个黑色的害怕小怪兽，一看就是我的孩子呀，你看我也是黑色的！'"

　　他的嘴角有一点笑意，于是我继续："最后蓝色的伤心大怪兽说：'哎呀，你这个蓝色的伤心小怪兽，一看就是我的孩子呀，你看我也是蓝色的！'"

　　他已经笑了，说："那我的小怪兽就合体把你打败！"

　　我说："那我的大怪兽就合体抱起来你的小怪兽，把他们举高高。"然后把他也举了起来。

　　他就咯咯地笑了，也不再生气了。

　　在这个例子里，妈妈迟到了，孩子会有失望和生气的感受，也许还加上了其他不愉快的体验，情绪不断发酵，在看到妈妈的那个瞬间一股脑儿释放了出来，这些过载的情绪不是一个道歉过后就会立刻消失的，而妈妈的陪伴和理解就是最好的缓冲器，让他感受到："不管你有什么样的感受，都是正常的，我理解你，我在意你。"孩子的情绪压力在联结中就被一点一点释放和表达出来。而有趣的、游戏式的互动，逐级降低了愤怒的强度，让情绪像坐着滑梯一样滑下来而不是直接摔在地上。孩子最终回到了放松、合作的状态。

3. 用打闹游戏释放愤怒

我们希望孩子能够学会健康的方式来表达自己的愤怒。孩子生气要打人，其实也是对于愤怒的自我表达方式，虽然这并不是一个安全的表达方式，但如果仅仅告诉他："你这样做是不对的！不能打人！"却往往无济于事。因为这并不是在教孩子新的表达方式，而是剥夺孩子仅有的表达方式。

《游戏力养育》的作者科恩博士建议：如果孩子想要踢打别人，我们可以递给他一个大大的枕头、沙袋来替代，帮孩子缓解愤怒，用不伤害自己也不伤害别人的方式照顾自己的情绪。在过程中可以给枕头加上一些趣味的配音："啊，啊，嗷呜！"让孩子更能体验到释放的感觉。

或者，你还可以邀请孩子："既然你这么生气，我们来一场枕头大战吧！"因为是游戏，你不会因为孩子的出手太重而生气，孩子便也觉得自己是安全的，他就可以不断对自己的身体力度进行调整和把控，重新进行自我调节。

一次我带儿子出门，我在路上打了好几个电话，没有听清楚孩子讲的话，他等了好久后生气了，挥舞着小拳头、龇着牙冲了过来，吓得我赶紧抱住他，能感觉到他在我怀里使劲挣扎，似有很多能量要发泄。因为在户外，并没有趁手的工具可以用，于是，我提议跟他手掌对手掌用力互推，他没说话，但是使了很大的力气跟我对抗，我们"对峙"了好几分钟，感觉他用尽了全身的力气，最后当然"战胜"了我，他露出了胜利的微笑，投入了我的怀抱，和我重新建立了联结。

在这样一个打闹游戏中，孩子释放了他的愤怒，还加强了和妈妈的联结。随着孩子的笑声，一个亲子之间冲突的时刻，在打闹游戏中转化成了亲密的契机。

在打闹游戏中，当孩子用力过猛，我们可以认真但是温和地告诉他——"宝贝这样太疼啦"，这样他便可以清楚地感受到自己的力度，并且再一次进行试验。在打闹游戏的安全又充满活力的互动中，这种对身体力量的调节，在无形中给予了孩子内心真实的力量感。

而平时的打闹游戏时间，更是防患于未然的好机会，例如抢袜子、摔跤、追逐等游戏，都能够帮助孩子把攻击性的情绪能量释放出来。

小游戏

| 枕头大战 |

你可以跟孩子说：我们一起玩"枕头大战"吧。然后准备好枕头，和孩子尽情打闹一番。你可以让孩子制订规则，并且让孩子占上风，被你的笨拙逗得大笑。

对大点的孩子，你可以把他想做的事变成规则——比如"不许打头"或者"不许打屁股"，然后在孩子违规后假装生气又拿他没办法。玩一段时间后，可以增加难度，比如"打头的时候必须单脚站立"，让孩子在打闹的同时学习调节自己的身体。

| 游戏说明 |

这一经典打闹游戏，让现实中的攻击敌对行为变成了游戏行动，会帮助孩子释放冲动，尽兴玩耍，也有机会学习控制自己行为的强度。可以根据需要约定打闹的规则。

情绪不是问题，有时是我们对待情绪的方式让情绪变成了问题。愤怒、生气的情绪是自然的、正常的，也是我们终其一生无法摒弃的。

当我们不是排斥、压抑愤怒的情绪，而是迎接它、照顾它，就能更好地运用想象力赋予它具象的形象和色彩，或是给它一个个台阶让它逐级降低强度，抑或是用打闹游戏充分发挥它的生命活力。我们越多地使用健康的、有

趣的方式示范和情绪相处的方式，孩子也会越多地用有创造力的方式表达情绪，而不是诉诸不当的行为。而且用这样的方式，父母是和孩子在一起的，否则，有情绪的孩子就成了那个"要被解决的问题"。

而情绪流淌之后，我们会看到在愤怒背后，有着这样一种力量：它让我们可以去对抗阻力——正是这种力量，让我们在遇到困难的时候可以努力克服；在遇到不公甚至威胁的时候，还能拥有坚持说"不"的勇气；在界限被侵犯的时候，可以克服懦弱，勇敢抗争。

而这些，都是敢于迎接情绪的人才能收到的礼物；也是我们能送给孩子最好的礼物。

● "妈妈，我害怕……"

——画出恐惧，笑出勇气

孩子们都会有很多害怕的东西，比如：怕黑、怕怪物、怕长的不一样的人、怕医生、怕蛇、怕父母吵架。还有的孩子拒绝新事物、新挑战，不敢尝试新的体验。这些恐惧，有的让大人小心翼翼难以开口，比如分离、疾病、死亡；有的在大人看来却根本没必要害怕，比如交新朋友、在公众场合讲话；有的甚至很没来由，有位妈妈曾告诉我她的孩子不愿意洗澡，因为担心顺着水被冲到下水道去……实在让大人很无奈。

可以说害怕是几乎所有孩子在面对恐惧、压力、挑战时，都会出现的本能状态。它更多的是一种大脑安全系统的自我保护行为。我们的大脑会不断扫描周围环境，当它感知到危险的时候，就会引发警戒反应，产生恐惧害怕。因为这些对他们来说都是有风险的。有的孩子的大脑探测能力更加敏感，对于害怕的反应就会尤为强烈、明显。还有的孩子的害怕，不一定是此刻真的遇到了危险，而是源于他们的成长经历。

我们都希望孩子能够拥有克服恐惧的勇气，但在孩子害怕的时候，直接鼓励"要勇敢""没什么可怕的"，可能会更让孩子感到不被理解或者自我怀疑——孩子会觉得"我明明听到恐惧拉响了警报，但好像只有我一个人听到了，可万一有危险呢？我到底应该相信谁？"孩子解除警报是有个过程的，如果我们接纳孩子此刻报警的状态，陪伴他们，给予充分的时间，承认他们的感受，尽力去理解他们（虽然这些害怕在我们看来，完全没必要），这份努力一定会被孩子感知到："原来我并不孤独，爸爸妈妈一直陪伴在我身边。"从而慢慢放松下来，解除警报。而如果有些话题让父母自己也很紧张，也需要先给自己一点时间，放松下来，再去帮助孩子。

1. 画出恐惧，将它具象化

女儿 6 岁多时，有天告诉我："妈妈，每天晚上我睡觉的时候会有可怕的怪兽过来。它会在窗帘上，有一个眼睛，而且它每天都长得不一样！昨天和前天都出现了！"

我正准备说话，她好像知道我要说什么，说："我知道它是假的，不是真的，因为窗帘下面没有脚露出来，但是还是很可怕！我害怕你们不信，就没有告诉你们，但是我实在不敢睡觉！"

我发现，这份害怕并不是理智上知道真假就会被打消的，而是需要我陪

着她共同去面对的。

我说："你担心我们只说那是假的，让你不要害怕是不是？"

她说："嗯！"

于是我说："我相信你，因为我小时候也很害怕窗帘上的怪物。"

她好奇地睁大眼睛："哦？"

我继续说："我小时候住在二层，外面的路灯就把树的影子投在我家的窗帘上，我家的窗帘是黄白色的，所以影子看着很明显，风一吹还会摇摆，我觉得影子像一个长毛的怪兽！"说着还做出树木随风摇摆的动作。"我跟你一样，知道那是假的，但是还是很害怕，我大概也觉得告诉大人也没用，所以就没告诉他们。还是你厉害，知道把自己的感受说给妈妈！"听到这样的鼓励，她高兴了起来，得意地说："那当然！"

看到信心和力量慢慢回到了她的身上，我又问她："那你害怕窗帘怪兽的时候怎么做的？"

她说："我把眼睛闭上，就看不见了，就不那么害怕了。"

我说："哦！这个主意真不错！看来你还是很有办法的！我小时候也是闭上眼睛，我就把头蒙在被子里，但是脑子里还是会不停地担心它过来。"

"我以前害怕的时候也把头蒙在被子里，但是我又害怕没有空气会被闷死，所以又把头伸出来了！"她深有同感地喊了起来。（我总算知道她为什么一度会把头蒙在被子里了）

"哎呀！那可真的很为难：把头伸出来吧，又怕影子怪兽；缩进去吧，又担心闷死。真不知道怎么办才好！"我肯定她的感受。她频频点头。

"我以前也是这样，于是我还发明了一种方法，把头和眼睛用被角蒙着，把嘴和鼻子露出来。"我一边说着一边拿毯子比画着。

她看到我头上顶着毯子、只露出鼻子和嘴巴的滑稽样子，忍不住笑了起来："你也像个怪兽！"她突然想起了什么，说："你说不定把怪兽吓跑了呢！就像《怪兽电力公司》演的一样，其实说不定怪兽也害怕小孩呢！我们觉得怪兽可怕，怪兽也觉得我们可怕！"

可以看得出来，此时孩子内心力量已经增长了，已经不那么害怕"怪兽"了。

我让她把想象中的怪兽画下来。于是她画了她"看到"的"怪兽"，还画了各种各样她想象中的怪兽。画完之后我们把怪兽剪下来做成了面具，孩子开始扮演各种怪兽来吓唬我和爸爸，我们表现得很害怕的样子，被孩子追得团团转。孩子哈哈大笑，释放了对"怪兽"的恐惧。

到了晚上"怪兽"再次出现的时候，我们一起跟怪兽"聊天"；又过了几天，她告诉我"怪兽"已经是她的朋友了，她还给它起了个名字呢！

这次成功的关键在于：第一，妈妈敞开心扉分享了自己小时候类似的经历，让孩子觉得原来自己有害怕、恐惧的感受是正常的，这样他才能够更加放松地去面对，愿意接受大人的帮助。第二，肯定孩子做到的部分，让她在过程中相信自己是有勇气和能力的，带着这种力量，孩子才敢真正去面对自己的恐惧，精神上不紧张了，内心的力量和解决方法慢慢就涌现出来了。第三，让孩子画出来自己害怕的怪兽，用形象、具体化的表达方式，重新找到掌控感。第四，角色扮演，让孩子赢，帮助孩子进一步释放情绪，重获信心。第五，和怪兽"聊天"，找到和怪兽长期"做朋友"的相处方式。和"怪兽"对话，其实也是在和心中的恐惧对话。

前面我们提到把情绪形象化、具体化地呈现出来。这个方式不仅可以处理诸如"怪兽"等物带来的害怕，也可以处理因为一些事件经历引起的害怕。

有位学员妈妈说她和老公激烈的吵架被孩子看见了，接下来的几天孩子总说害怕、不出门，总是黏在大人身上。还总给妈妈说："妈妈，对不起。"让妈妈非常心疼。冷静下来后，妈妈告诉孩子："爸爸妈妈吵架，是因为爸爸妈妈心里的情绪小怪兽出来了，他们吵起来了。小怪兽出来的时候，你非常害怕。"她陪着孩子把害怕画出来。接着把画的害怕撕碎扔掉，或者放到袋子里捆起来、放在地上踩一踩。第一天游戏结束以后，孩子没有说害怕。第二天又说害怕，继续玩了一次。后来孩子说害怕的次数慢慢就减少了。

孩子有时会觉得没有办法处理的问题是"我的问题"，所以他会说"妈妈，对不起"。而形象化、具体化的外化情绪的方法，把"问题"和"孩子"分开，孩子不再觉得"我"是问题，才会慢慢从问题中解脱出来。

2. 用笑声驱散恐惧

《哈利·波特》里有一个对付心中恐惧之物的方法：想象令自己害怕的东西变成了令自己大笑的模样，然后说一个咒语"滑稽滑稽"，那个恐惧之物就会在笑声中遁逃了。我们在家其实也可以和孩子进行这样的角色扮演，而且在过程中一定要记得装笨装弱。比如说孩子害怕蜘蛛，那我们就可以假扮一只超级笨的蜘蛛，要向孩子逼近，但是突然发生了一些搞笑的事情，比如说地板打滑摔一跤，或者眼睛看不清撞墙上了，或者认错人了，孩子会发出笑声，笑声就是驱散恐惧、带来勇气的最好魔法。

我家爸爸有次带孩子去动物园看狒狒，狒狒被关在玻璃房子里，游客可以在外面观看。不知为什么，一只雄狒狒龇牙咧嘴地就冲着我儿子的方向冲过来了，隔着一张玻璃，张牙舞爪地冲着我儿子咆哮，他吓得直往后躲，不敢看。爸爸就一面抱着孩子，一面指着狒狒露出的尖牙说："你看看你，肯定没好好刷牙吧，牙齿都黄了，你再不好好刷牙将来说不定还要拔牙呢，你看，一颗黄了、两颗黄了、三颗黄了……"一只龇牙咧嘴很有攻击性的狒狒被描述得好像一个有待看牙的病号一样，反差很大，孩子觉得很好笑，就笑着放松了下来，也不那么害怕了，趴在那看了个仔细。

如果孩子害怕的并不是物品，而是事件，比如打针吃药，我们可以和孩子玩医生看病的游戏。孩子扮演强大的一方（医生或护士），父母当病人。病人来看病，要抽血、吃药、打针，父母就夸张地表现出害怕的样子，通常都会吸引孩子继续玩下去。如果孩子被灌输了很多"哭就是不勇敢、羞耻的"之类的观念，父母还可以在被打针之前假装说："我不会哭的，我不害怕，我长大了我才不哭呢。"结果一打针，哭得稀里哗啦。反差越大，越会引发笑声。这也会缓解打针吃药带给孩子的恐惧无助的感觉。

3. 用角色扮演赋予孩子力量

在孩子害怕的时候，还可以采用角色扮演，让孩子想象自己是某个具有优秀品质的英雄豪杰或者卡通人物，要去完成某个使命。

有一次，我带儿子去公园里玩。公园里有一个比较高的绳索攀爬架。他那时候不到 3 岁，看着哥哥姐姐们在上面攀爬，很是羡慕。他站在攀爬架的一端，想过去又有些害怕，我站在攀爬架另一端，微笑着对他说："外卖叔叔，我要的珍珠奶茶什么时候送来啊？"他对外卖叔叔印象很好，所以一听，笑着说："马上来！"然后就开始动手攀爬，他有点紧张的时候，我就给"外卖叔叔"加油，表示非常期待。最后他经过努力把"外卖"送到我的手里，我给他"五星好评"，他特别高兴。

这么年幼的孩子，通过假扮外卖叔叔，就好像外卖小哥风雨无阻的精神附体一样，能够克服恐惧、战胜困难，可见在游戏中，孩子的勇气成倍增长了。当然，对大一点的孩子，在角色扮演中吸收的榜样的力量依旧会熠熠生辉，留驻在他们心里。

游戏让孩子放松、敞开，敢于表达内心的恐惧；笑声又帮助孩子释放了恐惧，拉近了亲子之间亲密的距离，促进了勇气和成长。

| 停走停 |

父母拿着或者假扮孩子害怕的东西，然后走向孩子，由孩子来说走或者停。比如孩子不喜欢剪指甲，在时间比较充裕的时候就可以玩这个游戏，父母拿着指甲剪慢慢靠近孩子，孩子说停就停，说走就走，可以一定程度上缓解不喜欢剪指甲带来的焦虑感。

人生总有很多伸手不见五指的路要走，即使我们再怎么强大，也永远无法为孩子驱散所有的阴霾。而作为父母，我们真正恐惧的，是"离开了我们，我的孩子能不能过好自己的生活"，父母一紧张，就会逼着孩子变"勇敢"，对于孩子表现出"害怕"，特别不能接受。打针了，要说"一点都不疼"。摔跤了，要说"男子汉，没关系"。害怕孩子经历半点挫折，害怕孩子落后于人。好像孩子不再有"软肋"，我们才能不"害怕"。

其实作为父母，我们真的已经很勇敢了，孩子正是我们的"软肋"，有了孩子，我们多了那么多的恐惧和牵挂，可是我们依然在尽自己最大的努力，带着这份恐惧一步步向前。因为，在恐惧的另外一面，是爱。我们要做的，是相信——相信这份爱，会穿透恐惧，继续支持我们，也传递给孩子，为他们照亮那些伸手不见五指的路。

真正的勇敢，不是没有恐惧与软肋，而是——看到背后的那份爱，带着它们继续前行。

● "我只要原来那一个"

——接纳悲伤，面对失去

闺蜜的孩子丢失了他喜欢的奥特曼卡，就一直大哭大闹，难以安抚。家长觉得不可理喻。孩子停止哭泣之后，还是总要碎碎念，时不时就提起来，哭丧着脸说："我要我的东西。"家长觉得：不就是一张卡片么，至于吗？

这孩子怎么这么固执啊!

从一方面来讲,这和孩子的发展特点有关系。很多孩子,尤其是处在2~4岁的孩子,会有执拗、追求完美、追求秩序的特点。有的孩子对熟悉的物品或者一些固定的流程非常坚持,如果打破了他们这些常规,他们就非常难受。如果不小心弄坏了他的东西,就非得叫大人赔一个一模一样的。要是大人一时嘴快,把孩子想吃的那个东西吃掉了。他还会叫大人吐出来,让人哭笑不得、无计可施。

"必须是原来那一个"显得不够灵活。对大人来说,更是担心孩子有些刻板、固执、僵化,想纠正他们,所以容易产生冲突。但是这些特点,对于孩子来说,是建构稳固的心理世界的必经之路。追求完美、完整是一种内在的、自律的力量。如果这个时期,我们能够尽量照顾到孩子这个特点,让孩子追求完美、秩序的心到满足,孩子就会产生一种自律,会比较有秩序感,做事情也有自己的标准。如果过渡得好,孩子就可以很好地整合秩序感和灵活度。

从另一方面来讲,孩子的世界真的很小,完全属于他们、100%能够支配的东西并不多,而且他们还拥有泛灵心理,失去一个心爱的物品,对她们来说就像失去了一个伙伴,当然会非常悲伤。

如何帮助孩子面对这些失望、悲伤呢?

1.面对失去

首先,童年并不意味着100%的开心无忧,失去和遗憾也是真实生活的一部分。我们要成为孩子伤心时安全地支持他的一个大本营,允许孩子去体验这种伤心。有父母陪伴在身边,悲伤会像流水一样,会来也会走,也不会那么难以承受。

不要因为无法面对哭泣的孩子就欺骗和敷衍孩子，真相未必比谎言难以接受，现在陪伴孩子正视失去，将来孩子才更能够拿得起、放得下。

其次，过程中对孩子表达理解，给予倾听和陪伴，接纳孩子情绪，允许他们释放。很多在大人看来没有什么大不了的事，对孩子来说却很重要，并不是"这件事值得哭，而那件事却并不值得哭一场"。回想你小时候，有没有什么现在看起来觉得无所谓，但当时自己无比珍惜的东西呢？

如果父母能够珍重孩子所珍重的东西，把孩子的事儿当事儿，正视孩子的情绪，尊重孩子的感觉，有助于孩子情绪的自然流淌。即便不能完全理解孩子的痛苦，也请不要将它赶进一个角落，连悲伤也不被允许。

最后，我们常说哭不解决问题。诚然，眼泪不能解决已经发生的问题，但眼泪被迫埋在心里，无处挥洒，反而会成为问题。可以说泪水就像是心灵的洪水，会冲垮我们心中层层隔开心灵感受的墙，随着这些墙的一一倒塌，我们才会面对真实的失去，心理能量就获得了解放，重新回到了自己身上。

如果伴着眼泪，还能感受到自己被关心、被爱，就会被疗愈，复原之后，会生出新的力量，帮助解决现实中的问题。我希望孩子相信"眼泪很有用，它会清洁眼睛，也会清洁我们的情绪垃圾桶"。

有一次我接女儿放学回家，她带去幼儿园的兔子充气玩具在幼儿园里破了。她一路上都在念叨这事。我一边开车一边听她讲。

她说："我的兔子破了。"

我说："嗯。当时发生了什么？什么东西戳到了吗？"

她说："它爆炸了。我可喜欢这个小兔子了。"

我听着她的语气，试着去理解她的感受："你又心疼又难过。你最喜欢这个小兔子了。要是它没坏就好了。"

她有点呜咽了。

我说："喜欢的东西坏掉了，每个人都会觉得难受的。"

她说："你看这个兔子这一边破了一个洞，但是另外一边好着呢没有破。但是两边都瘪了。我希望它是圆圆的。"

我说："是啊，你希望它像原来一样完整。"

她说："妈妈，不过我没有哭，我心里头哭了。"

我想她表达出来，快点好起来："你要是实在很难过想哭的话也可以哭啊，或者你怎样能好起来呢？"

而孩子是遵循自己的感受的，她说："可是我就是伤心难过啊。"她用实际行动告诉了我，伤心是需要时间流淌的，而且她有自己的节奏。

我意识到自己刚才太急了些，说："哦，你真的很难过，一下子还不能好起来。需要妈妈做什么的话可以告诉我。"

她说："我现在很伤心难过，过一会儿我自己就好了，我下车以后出去就好了。"

后来我们下车以后，她说："我真高兴啊，我现在好开心！"说着就高兴地去奔跑了。

在这个例子里，妈妈只是说出了孩子的感受，并没有替孩子想任何解决办法，没有试图终止孩子情绪，没有解救，没有说教，也没说要新买一个补偿她，只是接纳孩子的情绪并且相信她有能力度过。孩子感到情绪被接纳了，自己就好起来了，而且充满了"我能行"的自豪。对，就是这么神奇！当我们允许孩子表达，孩子不会永远和伤心待在一起的。

有的时候，我们着急给孩子讲道理，想让孩子把事情看淡一点，或者急着给孩子再买一个失去的东西，好像这样就可以立刻消除那些难过伤心的情绪，但那些情绪真的就不存在了吗？很多人从小并没有机会学着和"悲伤、难过、沮丧"这位情绪朋友相处，我们总是被告知"不要难过了""要向前看"，我们急着往前走，摆脱那些并不好受的体验，但隐埋在心底的伤痛从来不曾被充分表达，时不时隐隐作痛。这样的体验让我们面对"悲伤"时涌起担心、害怕，我们才会那么害怕它"伤害"我们的孩子。我们创造各种理由，想让孩子觉得这件事并没有那么严重，犯不着难过，快点好起来。但在这么做之前，不妨问问自己：这是孩子真实需要的，还是这样做只是让我们自己好受一些？

需要注意的一点是，如果我们有关于"失去"的体验和感受并没有被处理，深深地埋藏在心里，在陪伴孩子面对类似体验的时候就有可能会被唤起，而这会让我们感受到不安，可能会让我们暂时无法很好地成为一个安全的大本营。但同时，这也是一个我们关照自己的机会，如果我们可以借机重新去面对悲伤，像陪伴孩子一样陪伴着自己内在的悲伤流淌，我们就获得了治愈自己的机会。

我是很羡慕女儿的，能从这条名叫"伤心"的河流中穿行，又完整地上岸，一次次这样的体验，让她在小事中逐渐获得和生活中的无可奈何相处的能力，也获得了自我修复的信心。同时，我也很感谢女儿，看到这么小的孩子都可以做到，也给了我更多勇气和力量去重新关照自己曾经深埋心底的那

些悲伤。

我们也可以用一些游戏式的、充满想象力的方式来看待"失去",把"失去"看成是"新的开始"。

有次我儿子买了一个气球,但没拿好,很快地飞走了,他伤心地一边哭一边怪我:怪我没给他绑上,怪我在气球飞走的时候没有跳起来把气球够回来……我抱着他安慰,想起来曾经看到过的一个用气球给月亮送信的故事,于是邀请他一起给气球挥手道别,因为气球要去探险了,我们一起想象气球飞高了以后会看见什么,会有什么样的心情。他一边追视着气球的踪迹,一边想,直到它完全消失在视野里。

很巧的是,过一会儿,我们又遇见了一个小女孩的气球也飞走了,他还安慰了女孩:"刚才我没拿好气球也飞走了,它去探险了,你的气球说不定会追上我的气球,它们俩说不定会一起呢!"

孩子其实知道这不是现实,但想象满足了他的情感,寄托了他的希望,就像我们在看电影的时候都希望在平行时空里的主角过得幸福一样。失去不是终结,而是另一种获得。这些想象帮助孩子在他们下次面对"失去"时更有柔韧性,帮助他们在之后人生的进程中,更快更健康地从悲伤中复原。

2. 面对逝去

如果遇到了像死亡、长期分离这样重大的失去,更需要一个出口,安放这个过程中产生的种种复杂情绪:伤痛、焦虑、不安、烦躁、难过……可以陪孩子做一些告别的仪式,或写封信给离开的亲人/宠物,或者做一个专属纪念品。在告别的过程中，细数曾经的美好回忆，缅怀和纪念未曾表达的情感，让情思得以流淌、有寄托之处。

我儿子养的一只宠物死了，他很难过，我抱着他，他一直哭，哭了好久好久，然后和爸爸一起去把宠物埋在了一个他选定的地方，举行了告别仪式。每次路过的时候他都会表达他的想念。次年，他路过那里时还会偶尔说说他最近过得怎么样。

面对丧失，人会感觉到悲伤、担心、害怕，这是正常的反应，也是让我们珍惜生命的动力来源。生命的宝贵往往不是说出来的，而是在真诚地去面对悲伤时体验到的。这是生命教育不可或缺的一部分。

孩子也会用他最熟悉的方式——游戏去理解生死这些让他困惑的事情，我们观察到孩子在遇到失去宠物、在故事里或者电视里听到或者看到有关生死的事件之后，玩游戏或者编故事的时候，常常也会提及有关死亡的元素。

有一次，我们家里养的小鸡、小鱼死了，孩子自己动手用彩泥做了五彩缤纷的小鸡和小鱼，颜色一层一层的，做得非常细腻，做了很长时间，就是在这个过程中，孩子用这样的方式释放自己怀念的情绪感受。

第二天，我发现孩子还玩跟死亡有关的游戏：他们让玩偶躺在地上不动，装死。孩子说："我亲爱的××，你死了，我很伤心，我给你一个吻，希望你以后过得好好的。"然后玩偶就像白雪公主被吻过一样"死而复生"了。过一会儿"再死一次"，反反复复玩了很多次。

清明节时看到有人烧纸，孩子还会扮演烧纸、祭拜、表达思念的游戏。

死亡这个话题在很多家庭里是一个禁忌。有时文化或过往的经验教育会让我们尽量避免谈论生死，这些也会让我们对这个话题多一些避讳和恐惧。有的家长会忌讳让孩子这样玩。但游戏是孩子适应现实的最佳途径。游戏里的角色可能会不停地死而复生、生而又死；在游戏里，死亡是可以逆转的——孩子就是用这种方式来接受"死亡即终结"这个痛苦现实的。游戏就像是一个练习场一样，孩子在游戏中慢慢地去练习面对悲伤，获得复原的勇气和能量。

心理学有研究表明，不同年龄的孩子对死亡的理解是不同的：3岁以下的孩子往往无法分辨死亡和分离，容易产生分离焦虑；3~6岁的孩子往往认为死亡是短暂的，死去的人是可以复活的；6~9岁的孩子已经了解了死亡，会用拟人的方式来看待死亡，但认为大概率不会发生在自己身上；青春期的孩子对死亡的认知逐渐变得跟成年人一样——永久的、不可逆的和普遍的。

孩子有自己的一套表达和看待死亡的逻辑和程式，往往与成人的方式不同，如前面提到的"死而复生"的游戏。有时他们也会通过不断地重复这个词、问很多关于死亡的问题、听一些相关的故事、假扮死亡主题的游戏等，去探索、思考和理解这个抽象概念的意义。

比如小一点的孩子会问我们"妈妈你会不会死啊？什么时候死啊？我不想你死……"之类的问题。这些都是孩子学习面对逝去、处理悲伤的方式。作为父母，面对孩子这样的提问，确实会比较难以应对，我们有的时候会特别担心，一方面出于我们的不解，担心跟孩子解释的时候孩子会承受过多的"悲伤""害怕"；另一方面我们自己可能也会触及一些隐藏已久的情绪。但在理解孩子这么做的原因之后，也许我们能松一口气。

而且，我们很幸运生在这样的时代，有很多绘本等多元化的载体，能够帮助我们和孩子更平和地谈论这些。很多特别好的关于生死的绘本（如《小伤疤》《獾的礼物》《爷爷变成了幽灵》《后来呢，后来怎么了》等），本质上也是在传递如何用接纳的态度去面对悲伤、看待死亡和生命的意义。

面对"丧失"，我们可能会陷入弱小无助的沮丧中，也可能会陷入镇压和逃避自己感受的惶恐中。理想的状态是——看到我们和它的关系，臣服于生命本身的规律，也接纳随之而来的情绪。如果做不到也正常，也接纳我们有时候就是做不到。

伤心失望本就是生活的一部分，如果在我们能够陪伴孩子的时候，与孩子一起去面对它，孩子就会逐渐有能力去适应各种生活中的沉浮和无常。这些并不是通过说教而得到，而是孩子一次次在父母支持下穿越情绪的河流，体验到"情绪会来也会走"而得。我们没有办法避免生活中的无常，但总能够学着把无常变成日常。承受过失去的悲伤，才能承担住生命的重量。

我翻译了一首美国诗人高尔威·金内尔（Galway Kinnell）的小诗，送给你：

哭泣

只哭一小下是没用哒，
你得哭到枕头都湿透！
接着，起来大笑吧
接着，跳进淋浴间
哗啦～哗啦～哗啦！
接着，猛推开窗：

"哈哈！哈哈！"

如果有人说："嘿，

你在干什么呀？"

"哈哈！"回敬他一曲，

"幸福躲在最后一滴眼泪里！

它流出来啦！哈哈！"

● 孩子情绪崩溃，无法游戏？

——倾听孩子的情绪

耳朵是从心上长出的花朵，当我们彼此用心倾听，就会生出一座花园。

——马克·尼波（诗人，哲学家）

你一定体会过这种感觉：纷繁的情绪缠杂在一起，剪不断、理还乱，可能混杂了焦虑、抑郁、不安、无助、沮丧、愤怒等，就像乱成一团的毛线，它摊得满地都是，想捡拾整理，却无从下手，一拽可能还会造成新的混乱。

成人面对复杂难解的情绪，常常表现为良久的沉默，欲语还休。即使有人关切地问起，也只能长长地叹一口气："算了，不知从何说起。"而孩子常表现为无理取闹地找碴，莫名其妙地哭闹；大一点的孩子则不言不语，让人捉摸不透。有时则是看似毫无征兆，却一言不合突然崩溃，就像刚刚发生的是压倒骆驼的最后一根稻草。这种时候，往往会让父母措手不及，不知该如何应对。

就像毛线团一样，情绪过载大部分时间并不是单一的一种情绪，而是多种复杂的感受纠缠在一起，我们需要像解开一个缠在一起的毛线团一样将它一点点解开——先去找两端的线头，然后轻柔地向内抖动，让纠缠在一起的结逐渐松开，千万不要用力向外硬拉，从线头开始轻轻地一点点捋出来，且不可性急，否则会越拉越紧。

解毛线团的第一步是——找到线头。有的时候，线头会很明显地出现在眼前，有的时候，却需要我们四处翻找尝试。如同孩子的心思，有时候很明显，有时候却需要我们去拆解甚至猜测。这里推荐几种解开"情绪毛线团"的方法：

1. 说出孩子的感受和想法

有个学员妈妈跟我分享过这样一个案例：她和孩子去超市，孩子非要吃零食，但是孩子咳嗽，妈妈此时并不想让孩子吃零食，就拒绝了孩子。孩子此刻开始哭闹，妈妈把孩子带到一个角落，蹲下来跟孩子说："你很想吃那个零食，妈妈不让你吃，你很失望。"孩子停止了哭闹，但是气鼓鼓的。妈妈灵机一动，把耳朵贴在孩子肚子上说："让我听听你心里的小精灵在说些什么吧！（停了一会儿说）原来他们在抗议呢，他们说：'我很生气！要是我能自己决定买什么就好了！我生气得像个大气球！'"说完问孩子："这些气在你的肚子里，你是想打一个生气的嗝出来呢，还是想放一个生气的大臭屁？"孩子笑了，选了大臭屁，妈妈说："噗！好臭好臭！"两个人都哈哈笑了起来，孩子也不再生气了，接受了自己暂时不能吃零食这件事。

在这个案例里，妈妈做了三件事：

第一件事，把孩子带到一个角落，给她一个冷静的空间。

第二件事，说出孩子的感受："你很想吃零食，但妈妈不让，你很失望。"在这里，妈妈温和地拒绝了孩子的行为，但是接纳了孩子的感受。

第三件事，孩子被拒绝了，有情绪也是正常的。把情绪玩儿出来，妈妈用了听孩子肚子里的小精灵的方式进一步说出了孩子的感受，形象生动地把生气比作气球。然后把这个"气"用游戏的方式释放了出来。

需要注意的是，有的家长可能会比较介意说屎尿屁这些词语，但是对孩子来说，爱说"屎尿屁"是一个必经的心理阶段，"屎尿屁"这种本身隐晦甚至禁忌的东西，一旦运用到孩子们的交流中，很容易营造一种亲切、可接近的氛围："哇，原来你也知道这个好玩！""我也经常这样说，我们是一样的！"所以，有时候大人眼里的禁忌，在孩子那里，却是很好的联结方式。

作为父母，为了更好地了解孩子、化解问题，很多人都会努力去理解孩子的想法。但毛线团的线头有时藏匿得很隐蔽，并不是一下子就能找出来的。

猜测是一种非常有效的找到毛线团线头的方法，猜不中却往往让人很挫败抓狂。如果这种猜测以游戏的方式进行，就会变得更加轻松愉快。

有天放学刚接到弟弟，还要一起去接姐姐，弟弟却踩住我的脚不让我往前走，我一走他就大哭起来。

我说："咦，我脚上怎么有个大鞋子，这么重。"弟弟钻在我衣服的下摆里，嘴咧了一下然后继续大哭。这情绪来得莫名其妙，明明刚才幼儿园排队的时候还高兴地冲我笑，给小朋友指那是妈妈，感觉也没得罪他呀！

只好猜了，我想想说："唉，我得派出我的宠物——'听听虫'来听一听这个小朋友心里在想什么。"然后用手比作听听虫放在弟弟的心口："哦，他说嫌妈妈刚才站在门口填表填得太慢了，错过了他和小朋友放学打招呼的机会。"

弟弟噘着嘴说："不是！"

我说："听听虫你认真听，别再搞错了……哦！你听见他说放学妈妈没给他准备惊喜？"

弟弟继续噘嘴说："不是！"

我猜了几回都没猜对，佯怒："听听虫你怎么回事，老听不对！"

弟弟噗嗤一声笑了："你才怎么回事呢，我是不想让你去接姐姐。"

我说："噢！你不想去接姐姐呀，想和妈妈单独待一会儿，就像上次我们俩在桂林一样？"

他说："要是我们在桂林别回来就好了。"

我看了看周围，说："就是的哦！要是我们在桂林就好了，就有单独的特殊时光了！咦，怎么说着就到桂林了？（随便指着一株树）你看这不是……是桂林的那个什么树？"

他入戏挺快，大叫道："榕树！"

然后我又捡了根木棍："谁把竹篙扔在这，我们快去划竹筏吧！"

我们就一起划着隐形的"竹筏"来到了姐姐的学校门口，弟弟乐得哈哈笑。刚好碰上姐姐从学校出来，他还高高兴兴地给姐姐分享了手上的包子。

后来回想，当时因为我在医院陪床，四天都没有见到孩子，我猜弟弟是想我了，就用踩住我脚的方式争取一点单独的陪伴时间。而"听听虫"不断地猜测孩子的想法，虽然并没有猜对，但真诚的探询让孩子感受到自己是被

125

在意的，妈妈是愿意去理解他的，于是伸出联结的橄榄枝。而后接下来的假扮游戏，快速地让他感受到了专属的爱，为他蓄了杯，重新回到良好的关系状态。

还可以跟孩子玩"读心术"的游戏："我有读心术，我一定能知道你心里的感受是什么。我说对了，你往前走一步，我说错了，你往后退一步。"这样的方法，也是在邀请孩子和我们一起在纷乱中寻找毛线团的线头。

有些父母会觉得：这样对待孩子的情绪岂不是太麻烦了，而且父母可以这样，其他人也会这样对待孩子吗？孩子没有适应能力怎么办？为了不养成对家长的"依赖"，有的育儿理论建议让情绪崩溃的孩子独自平复。试想，面对满地散落的"情绪毛线团"，这个过程如果交由孩子独自完成，他可能会感到无从下手，更加崩溃；或者感到孤独失望而默默抱起所有的毛线团，把它塞在柜子里，不知什么时候，塞满的柜子会再度弹开，留下一地鸡毛。

孩子最不可爱的时候，是最需要爱的时候。而如果父母能陪伴孩子把纠缠在一起的思绪和感受，从头到尾理顺，不管最后是否真的解开了毛线团，我们愿意陪伴着他去面对挑战、梳理情绪和思绪的过程，对孩子来说就是一种支持和鼓励，孩子将会从这个过程中感受到"我是被爱的，我不是孤立无援的"，这会给他带来直面困难的勇气。

2. 倾听

你也许心里会问：我说出了孩子的感受，可是孩子并没有停下来闹情绪啊？我想陪他把情绪玩出来，可是他不让啊！

首先我们需要意识到一点，我们帮助孩子表达感受的目的是建立心与心的联结，让他感到自己的情绪是被理解、被接纳的，而不是为了终止他的情绪。我们往往急于终止孩子的情绪，是因为我们没有办法忍受孩子陷在情绪里而我们什么都不做。但有时候我们也要接受，我们不是万能的，或者游戏也不是万能的，孩子有情绪，尤其是情绪强烈到无法游戏，我们就陪伴他、倾听他。

你可能会问？什么？陪伴、倾听，那不是还是什么都没做吗？

在我学习心理咨询的时候，有一段非常重要的话就是："倾听是咨询师的基本功，是建立良好咨询关系的基础。只有无条件地接纳求助者，才能很好地倾听。很多时候，我们只是听，其他什么都不需要做，求助者就会自己好起来。"

我想，这段话的听众如果是父母的话，应该这样说："倾听是父母的基本功，是建立良好亲子关系的基础。只有无条件地接纳孩子，才能很好地倾听。很多时候，我们只是听，其他什么都不需要做，孩子就会自己好起来。"

有次我儿子不愿意自己穿袜子，爸爸讲了很多"自己的事情自己做"之类的道理，俩人僵持了将近 10 分钟，被逼得急了，儿子号啕大哭起来。在一旁的我，感受到两个人之间情绪的张力，意识到其实他们都需要情绪的流淌。

我抱着儿子，一句话没说，安静地听他哭，他哭了几分钟，自己穿上袜子去玩了。

后来他告诉我，在幼儿园挨了批评，觉得自己的情绪垃圾桶满得盖子都

要被顶到天上去了，里面装满了难过、生气、痛苦、伤心、委屈、烦恼，只有一点点开心，把情绪垃圾桶撑得有卡车那么大，在这种时候就更管不住自己了，爱的杯子也变得很空很空。

我问他需要我做些什么。他说："我哭的时候就在把垃圾冲走。你现在陪着我，我的垃圾桶就在往外倒垃圾，把垃圾都倒空，把爱的杯子都装满。"

我问他想怎么把垃圾倒空？他说："想把头向下，像茶壶一样把不高兴都倒出来。"于是我陪他玩了会儿倒情绪垃圾的游戏。慢慢地，开心又回来了，爱的杯子也装满了。过了几天，他又高兴地跟我说他表现好被老师表扬了。

因为孩子比我们小，我们往往会替孩子做一个判断，告诉他你应该如何、不应该如何。当我们这么做的时候，也在无意识中表达着——我比你更正确、更知道你应该怎么办。我们可能认为我们的方法才是唯一正确的，而事实是每个人都有属于他们自己的智慧。如果妈妈不是倾听孩子，而是认定是他做了什么不好的事情才挨批评的，他就不会再倾诉学校里发生的事情；反之，如果妈妈过度干预保护，他就错过了调适自己的行为去适应环境的机会。

而当我们愿意闭上嘴，倾听孩子所说，甚至是倾听对方的哭泣，这段关系就从"以我为中心"变成了"以你为中心"。这种行为传递出来的态度是——你的感受是最重要的。当孩子知道，他的需求和感受对你而言是重要的，他才会更愿意信任你，和你一起去解开"毛线团"，甚至自己去解开"毛线团"。

倾听的过程，我们是在传达一种信任和安全的感觉。当孩子看到我们能够平静地去迎接他们这些情绪的时候，他们就会知道："我的父母可以应对这些糟糕的情绪，我也可以。"就像小时候我们看到奶奶在有条不紊地拾掇一地的毛线团，看着毛线一点点被理顺收好，于是我们知道，这并不可怕，我也可以。

不过，很多人在倾听的时候容易陷入一个误区，就是为了"说"而"听"。对方还在表达，他就已经开始打腹稿，准备自己的建议了；对方话音还没落，他就迫不及待地发表自己的观点了。表面上看的确是在听，而实际上是在想：什么时候才能轮到我说？

有次工作坊上有对夫妻一起来听课，妻子是位很爱学习育儿知识的妈妈，但总在课上援引我的话来"教育"丈夫，印证自己的观点，课下还跟我说让我多点名她丈夫，让其发言，看得出来她很希望自己的丈夫有收获。但是也因为她不停地说，丈夫并没有太多表达的机会。

于是我给他们特别安排了一段互相倾听的活动，两个人轮流表达 5 分钟。在 5 分钟之内一个人说一个人听，听的人不说话、全神贯注地听，不评价、不打断，说的人说什么都可以，即使是沉默也可以。5 分钟结束之后两人交换角色。

在丈夫诉说的 5 分钟里，出现了一段沉默的时间，妻子想说话，但是因为活动设置，努力忍住了，结果丈夫沉默了一段儿后继续诉说，能感受到沉默之后的诉说更走心了。活动结束后，妻子哭了，说自己第一次知道丈夫原来有这么多自己不知道的感受和思考，俩人拥抱在了一起。

所以，倾听中很重要的一步就是——等。等一下，也许会得到惊喜。多等一分钟，有时候甚至都不需要一分钟。

另外需要注意的一点是，孩子大哭或者找你倾诉，意味着他们需要一个宣泄的机会。尤其当他们因为一件小事情大哭大闹，显得情绪反应和事件的强度不成正比时，很有可能不仅仅是因为这件小事，而是积累的情绪需要释放。

还有时我们会纳闷：我已经在倾听孩子了，怎么这么久都不能结束呢？孩子的情绪可能不仅仅针对当下的事件，而是感到安全后，在释放之前压抑的情绪。

你可以想象孩子身上挂着一个隐形的牌子，写着："请让我觉得我很重要！"在被倾听的过程中，他们上层的理智脑会慢慢重新启动，浇灭下层的情绪脑的火焰，找到解决问题的办法。即使我们在当下不能听孩子讲话，也可以认真给出答复，约定倾听的时间，然后履约，维护信任感。

有时候孩子刚刚打开心门，我们就急着让自己的观点挤进去，于是伸手去推，孩子就锁上了门，再叩开就并不容易了（尤其对于青春期的孩子更是如此）。耐心地倾听，会让孩子放下防备，多一些相信，一寸一寸地将门开得更大些，邀请我们进他的房间看看，也愿意从他的房间出来，到我们的世界看看。

《倾听孩子》的作者帕蒂·惠芙乐说：经常被倾听的孩子，普遍会有的一个品质——抗挫力强。他们知道怎样去找到情感支持，他们总是能够让生活重回正轨，总是能重新开启新的学习，每一次都能够比之前做得更好。

| 爱的对视 |

　　捧着他的小脸，专注地看着他的眼睛。你还可以发出邀请："你看看，妈妈眼睛里有什么？"从最初的欢笑到慢慢安静深情的对望交流，孩子会给你很多惊喜。

　　甚至有时候，什么都不用说，只是感受目光里的爱。而必要的时候，还可以说出孩子的心情和想法："嗯，你眼睛里有委屈，好像还有担心……"以此带来深入的倾听。

| 游戏说明 |

　　随时可以用这种专注的目光对视增进联结。如果孩子不习惯，不用勉强，可以换时间再尝试。

情绪崩溃并不可怕，当我们找到线头，将毛线团中的绳结一一捋直，孩子会更清楚自己真正想要的是什么、真正想做的事情是哪些。当他们的需求和情绪能被接纳、理解和对待，真正意义上得到了父母的支持，在安心和流动的家庭环境中，他们的生命才能放松、柔软，让生命力得到绽放。

● 我也有情绪怎么办
——让孩子学会理解他人

你也许会问，我自己有时候也深陷情绪，做不到前面说的这样，怎么办呢？

我们不提倡乱发泄情绪，但也不提倡为了成全孩子而一味压抑自己的情绪，否则孩子依然会接到这样的信号："情绪是不好的，要不然我爸爸妈妈为什么要这么痛苦地忍耐呢？"家是讲爱的地方，我们希望全家是互相支持的，情绪是可以在家中流动的，而不是让一个人掏空一切心理能量去支持其他人。

在游戏力里，父母如果有情绪，也可以用有趣的方式表达出来："我感觉我的情绪火山要爆发了，我去隔壁释放一下。""我现在有一点点生气，我的生气像哈密瓜这么大了，等我的生气到西瓜这么大的时候，我就爆炸了！"甚至还可以用一些搞笑的画面去描述自己的情绪——"我生气得像一只湿透的母鸡／着火的老虎"，真实地表达了生气，同时没有让孩子感觉到受伤害。也许你和孩子都会哈哈大笑，然后放松下来。孩子看到父母这样表达情绪，也可以学会接纳情绪，学会幽默地表达情绪。

有一位妈妈分享了一个"斜眼傻子"的游戏，妈妈在辅导孩子学习的时候发了火，于是她斜着眼睛对着儿子的书包，假装自己是个斜眼，把书包错看成儿子，把批评的话全都讲给它、脾气全发给它、暴揍全部让书包挨着、跟书包三令五申家里的规则等，反复问它："听到没有！"书包当然不会回答，儿子却噗嗤一声笑了出来。妈妈就很生气地问儿子，假装他是书包，替主人回答有没有听到。儿子表示听到了，重复无误，妈妈说："还是书包最好！"然后把儿子当作书包背起来走两圈。孩子一边笑一边恢复了合作。

通过这样一个假装游戏，在游戏中释放情绪，让孩子感受和理解父母的情绪和想法，同时避免破坏亲子关系，在笑声中释放了情绪，和孩子重建了联结。

有些家长可能会担心这样表达生气不够严厉，担心失去了对孩子的操控力。但如果是用生气去操控孩子的行为，长期而言，你需要不断升级情绪的强度，一开始偶尔小吼就可以管用，次数多了就得变成大吼甚至打骂才管用，时间长了家长被迫变成了情绪的不定时炸弹，对于亲子关系的破坏不言而喻。

而用游戏式的、关注联结的方式去表达情绪，一开始可能并不是很容易，因为它可能不是你习惯的模式，而且它肩负着修补亲子关系的任务。冰冻三尺非一日之寒，冰化成水亦非一日之暖，冰从 −18℃加热到 0℃，可能都看不出来什么明显的变化，但是到了 0℃，才会发生形态的改变，不是前

面的升温无用，改变也并非突然发生，而是持续吸收能量才会发生的。亲子关系也一样。我们为亲子关系所做的努力不会一蹴而就，但也一定功不唐捐。

还有的家长遇到过这样的情况：孩子做错了事情，不反思自己的错误，反过来怪罪和抱怨家长，弄得家长一肚子火气。

我们好希望孩子知道：爸爸妈妈不是神，更不是你们的奴仆，你们需要为自己的事情负责，为自己的情绪负责。所以很多家长有情绪的时候会给孩子说："看，我早就给你说过，你不听。"或者"你看，都是你干的坏事！"但是往往不仅没有效果，反而激发了孩子的逆反心理。

原因就在于：当孩子犯了错误，其实他自己的情绪已经十分沮丧了，无力承受，所以才会用攻击他人的方式来表达自己的懊恼。并不是真的觉得都是家长的错。然而，当大人使用错误的回应，斥责、羞辱，会让孩子觉得自己不但没有被理解，反而负面情绪更多了，这些情绪阻碍了孩子从错误中反思自己，结果造成了更多的亲子冲突。

那么如何正确应对呢？首先我们要明白，当孩子抱怨的时候，其实本质只是他受挫后的一种情绪表达，不代表孩子真的觉得我们不好。这样有利于我们保持一个平和的心态，不被卷入情绪的旋涡。其次，我们可以放松下来，把抱怨看成是一个游戏，就像《吐槽大会》那样，虽然有言语上的抱怨，但是只要看成是一个游戏，就也不会真的被伤到。

有天我接我家姐弟俩回家，下着大雨本来路就不好走，他们叫我帮他们拿着他们在学校的作品，结果路上发生了一点状况，一不小心把弟弟的画沾湿弄破了，又把姐姐手上拿着的作品蹭湿了。两个孩子都很不高兴，坐在车上生闷气。弟弟一路上不停地叨叨："都怪妈妈，把我的画弄坏了……"姐姐跟着唯恐天下不乱地说："都怪妈妈，把我的作品弄湿了……"俩人轮流哼唧起来……

吃力不讨好，我也不甘心啊！

我用让他们感到轻松的语气说："嗯，我们来玩一个抱怨的游戏吧！刚才，你们俩轮流抱怨过了，弟弟抱怨说都怪妈妈弄坏了画，姐姐抱怨说都怪妈妈蹭湿了作品。我都听到了，现在该妈妈抱怨了——都怪弟弟，自己不拿好画非要叫我拿，结果妈妈拿太多东西，不小心弄坏了画；都怪姐姐，非要抢我的伞，结果我手湿了，把作品蹭湿了。"俩人听了默不作声。

沉默了一会儿，我又笑着说："好啦，我抱怨完了，接下来又轮到弟弟抱怨了，弟弟你还想抱怨什么？"弟弟："都怪妈妈……"巴拉巴拉重复了一遍之前的抱怨，不过声音小多了。我说："该姐姐了。"姐姐："我还是自己平静一下吧。"我说："嗯嗯，又该我了，我做个深呼吸吧。"第三次该弟弟的时候，他沉默了一会儿，唱起了歌；该姐姐的时候，她偷偷地笑了。

回到家，姐姐画了一张生气的脸、一张平静的脸，指着"生气"说："刚才我是这个！"又指着"平静"说："现在我是这个！"然后笑着跑开了。

这个抱怨的游戏既允许孩子表达自己的不满，同时也允许妈妈表达自己的想法，化解了挑战，而不被孩子气到。没有说教，但是也帮助孩子体验了换位思考。几轮的表达，所有人的情绪都平静了下来。

为什么会这样呢？还是要回到"亲子关系"这四个字。前面孩子抱怨妈妈，是孩子高、妈妈低的不平等关系；而如果妈妈批评、说教，又变成了

妈妈高、孩子低。不管谁高谁低，低的那方肯定不满意，无法达到心服口服。就算这件事过去了，按下葫芦浮起瓢，压抑的情绪又会在其他地方爆发出来。

而抱怨游戏呢，每个人都有被倾听的权利，也有倾听他人的机会，谁都不用压抑自己。所以这个设置就保证了关系的平等，没有人比别人高或者低，这就为亲子之间的合作赢得了良好的基础。在无形中传递给了孩子：我们是平等的，家庭成员之间的理解是相互的。

想让孩子学会理解他人，当然也少不了家长亲身的言传身教。

有位妈妈分享了这样一个案例：女儿和好朋友发生了矛盾，很大声地凶了好朋友。好朋友很伤心。妈妈劝女儿去安慰一下好朋友。女儿说："她伤心是她自己的事，和我无关。"这位妈妈就用了一个比喻："我们的心里，好像有一个大桶。我们每天遇到很累、很烦的事情，就好像往里面扔火药一样。桶里的火药越来越多，最后如果再往里面扔一根火柴，它就爆炸啦！所以说，小朋友有情绪的时候，当然是她自己负责自己的情绪，可是我们也扔了火柴，是不是？"

通过这样的方式，孩子逐渐理解到：理解他人，不给别人乱扔"情绪垃圾"，也是一种善举。

有的家长会说："我学了这么多方法，也看了很多书，道理都知道，但是还是会经常情绪失控啊。"

很多时候，我们知道却做不到，是因为我们自己很疲惫，情感和精力都过度透支了，这也意味着你很有可能需要为自己蓄杯了。我们之前提到，每个孩子内在都有一个杯子，需要被关注、爱，被力量与安全感填满，我们自己也是。如果说父母是大树，孩子就是这棵树上结的果子，照顾好自己，也是支持孩子的第一要务。

尤其是大环境不好的时候，每个人的力量感、安全感都会或多或少受到影响，所以及时为自己蓄杯尤其重要。抽一些时间，做一点自己喜欢的事情，如果你需要分享心中隐藏的担心、焦虑和自我怀疑，可以试试用上一节的方法，找一个伙伴相互倾听，彼此支持。

当然，有了各种方法，也不代表你到时候就可以想起它们来，想起来也不代表就可以做得到。做不到不是你的错，而是它真的很难。照顾好自己的情绪从来不是一件容易的事，不是说只要你多看几本书，多懂一些道理，你就不会再暴跳如雷。你的情绪有多么失控，这并非意味着你有多糟糕，而是你此刻有多需要蓄杯、多需要被关怀。

建议大家每周尽可能给自己1~2次独处的时间，做点让自己身心愉悦、心理放松的事情；即使偶尔事情不尽如人意、你可能会出现自我怀疑、自我否定，试着接纳自己、肯定自己，我们是人，是人就无法完美。

当我们示范自我关怀、自我照顾、自我蓄杯，孩子也会接收到这样的信息：爸爸妈妈也需要被关心、被理解、被支持，作为一个人，我们有能力让自己好过一些。这也是潜移默化地教给孩子对情绪自我负责的态度。

| 自我蓄杯 |

● 列出自己平时喜欢做的事，每周留出时间，有意识地去做其中一件。

● 完成这项活动之后，感受自己的身体和情绪。再去和孩子相处，观察自己的状态有什么不同，孩子的状态又是什么样？

● 当你疲惫或者生气时，让自己暂停一下，去参与能让自己开心、放松的活动，为自己蓄杯。这个方法也可以教给孩子，从小学会自我蓄杯。

我们从小经历过的一切在我们大脑神经回路上会留下印记，哪些处理方式曾被越频繁地使用，它留下的印记就越粗壮。想要在一朝一夕之间修改前面几十年留下的烙印，想想也知道不可能。但它也正是我们学习新方式的意义，只要我们越来越多地使用新的方式，它也会在我们孩子的神经回路中留下印记，从而受益终身。

第5章

玩出健康好性格

性格培养不是一蹴而成的，像语言学习一样，也有一个学习的过程。

● 孩子拖拉磨蹭?

——三步提升孩子自主性

如果做个排行榜，投票选出家长最头疼的养育问题，"孩子太磨蹭"一定能进入前三——做事不专心，东瞅瞅西看看；答应了的事情做不到，反悔，讨价还价；家长说话孩子不知道真没听见还是假没听见……最后演变成孩子拖拖拖，家长催催催。越拖越催，越催越拖，恶性循环。

孩子甚至按照父母生气的程度判断事情的紧急程度，家长也只好用生气程度来给孩子通知事情的严重程度。真的是让家长非常抓狂。可是，道理讲过，吼也吼过，孩子就是不把我们的话当回事，很多都是基本的生活习惯：起床、刷牙、收拾东西，都要说来说去，心好累啊！

美国著名的发展心理学家 Martin Hoffman 根据统计数据做过一个估计：在孩子 2~10 岁，平均每隔 6~9 分钟，就会被父母告知要遵守某项纪律。这样算下来，一天基本上要 50 次，一年竟然有 15 000 次孩子是在被爸妈规训。而学校里的要求只会更多……不仅爸妈不容易，孩子也不容易啊！孩子有多磨蹭，就埋藏着对自主做决定多深的渴望。

其实很多情况下，我们和孩子想要的东西并不一样：我们想要快快吃完饭，孩子却想要探索食物；我们想要快点走到目的地，孩子却想要观察周围的花鸟鱼虫；我们想着快点把孩子送去学校，孩子却想在家里多待一会儿；我们想快点把孩子安排上床好享有自己的时间，孩子却想再多得到一些爸爸妈妈陪伴的时间……

而如果父母催促孩子，孩子感受不到父母的理解，更觉得是被逼无奈，被父母催着才做，这种催促让孩子觉得父母比他更需要把事情完成，更加失去了主动完成的动力。归根结底，家长和孩子之间联结断裂，各自有各自的目的，力气没往一处使。

为了给这个问题找到可借鉴的"解题思路"，我回顾了一下那些孩子不磨蹭、很乐意合作的时候，往往具有这样的一些共同点：目标统一、建立合作、过程愉悦。（这一节我们谈的是生活日常中的磨蹭，学习中的磨蹭往往除了动力，还有能力方面的原因，我们在下一章"玩出自主学习力"中涉及。）

1. 目标统一

我们需要承认，孩子和我们是不同的人，有各自的目标。所以我们需要用一个既满足你又满足我的共同目标把两个人统一起来。例如：有的孩子写作业的时候总是磨磨蹭蹭，但如果周末有要全家出去玩的计划，孩子却往往在周五晚上就拼命把作业写完，好腾出周末时间畅快地玩耍。

有位学员妈妈分享，她的儿子晚上不愿意收拾玩具，而 9 点又要睡觉，妈妈告诉孩子早点收拾完就可以多玩会儿打闹游戏或者讲睡前故事，过了时间就只能直接睡觉了。孩子一听：打闹游戏！！睡前故事！！马上飞快地合作把东西收拾得干干净净。

2. 建立合作

在完成共同的目标的时候，家长需要跟孩子保持一个合作的关系，而不

是"我监督你完成，你得完成我的要求"这样一种"监工""督查"的关系。

比如说在上面那个收拾玩具的例子里面，因为这是孩子自己的事，父母可以用温柔的方式提醒孩子，以及鼓励和支持孩子的努力，还有按照约定陪着孩子玩打闹游戏。但如果我们以一种"不是都说好了吗，你怎么还不去做？"的态度去催促孩子，孩子感受到的不是支持而是压力，反而会失去做事的主动性和掌控感。

而如果孩子是因为条理不清、能力不足而无法执行，我们也可以降低难度，创造成功体验，帮孩子分解目标，把任务拆分，一步一步引导孩子去执行。让事情变得容易上手。孩子会感受到父母是站在他身边的，支持他共同面对困难的，而不是把他一个人丢在困境中。例如，在收拾玩具时，可以先分类，再按照类别归位。多成功几次，孩子也会从完成任务里面获得成就感，养成好习惯。

3. 过程愉悦

有些事情确实做起来很枯燥、容易受挫、没有成就感，孩子很容易坚持不下去，所以适当增加过程的愉悦程度，这会让任务推进得更加顺利，情绪阻力更小。

我们可以用游戏把要完成的任务串起来。还是以收拾玩具为例，我儿子有段时间喜欢托马斯小火车，让他收拾玩具的时候，我们假装是托马斯小火车在运送货物，先运一类玩具，再运另一类，像托马斯一样把货物一个一个都运送到该放的地方。然后火车脏了，该清洁了，顺便就开到洗手间洗漱更衣。准备睡觉，非常顺利。

其实作为父母，我们自己也一样，会有很多知道"应该做"，但是"不想做"的事，这时候讲道理和说教是无效的。我们只不过是在重复孩子已经知道的一些道理，而且很容易引发厌烦和叛逆。如果我们能让事情变得有趣，当乐趣取代了完成目的要付出的枯燥，孩子自然愿意配合。

而游戏，很容易像一个黏合剂一样，帮助亲子之间统一共同的目标，建立合作的关系，以及让过程更加愉悦有趣，所以可以说是化解磨蹭的最佳法宝。接下来，我就分享一些用游戏力应对孩子拖拉磨蹭的小故事。

吃饭磨蹭：

我儿子2岁多的时候，有一段时间我忙于工作，只有吃饭的时间有空陪他，于是我发现他吃得格外慢，吃着吃着就要跟我玩。

于是我假装是饲养员，夹各种菜让他假装小动物来吃："小熊，你喜欢吃的鱼""小兔子，有你喜欢的青菜"……

有时，我会假装肚子里的小精灵说："哇，主人给我们喂好吃的啦！我们要点菜啦！我是肌肉小精灵，我要吃鸡蛋，变得特别特别有力气！我是眼睛小精灵，我要吃胡萝卜，让主人晚上能看得清！"

还有一个游戏也很好玩：我假装看不见他，盛好饭说："这是给我儿子留的，谁也不能偷吃！"他一听，就赶紧过来吃了，他吃了一些以后，我就假装惊奇："咦，怎么我给儿子留的饭不见了？是被小偷偷走了吗？"他就咯咯笑了起来，吃得更快了。

还有的时候他吃得很慢，我就假装我的饭不够了，四处找找哪里还有饭，然后自言自语："好像没有了耶！"然后假装盯着他的饭："我要赶紧吃完，好吃儿子的饭，吃太慢了等会儿就没有了。"他就笑嘻嘻地开始吃了。

还有一次，孩子吃着饭看见桌上有一瓶VC软糖，突然要吃，我假装试了半天都拧不开，让他吃完饭后吹口"有力气的仙气"给我，就可以拧开了。孩子专心地吃完吹了仙气给我，我满满"钦佩"地说："呀，还是多亏了你！吹了有力气的仙气我才能拧开。"

吃饭是人的本能，如果孩子吃饭磨蹭，一定是什么事情阻碍了孩子自发的动力，比如说家长过度喂食，破坏了孩子吃饭的自主性。或者像上面例子中的，和妈妈联结的渴望。孩子通过吃饭时的游戏，和妈妈建立联结，减少了分离带来的焦虑，吃饭反而更顺利了，一举两得。

起床磨蹭：

有一位妈妈是我们线上训练营的学员，她的孩子起床是个大难题，每次都得爸爸妈妈轮流叫好多次，起来了还要沙发上躺一会儿。

学习了游戏力之后，妈妈决定试一试不同的方法：早晨闹铃第一次响孩子没起床，妈妈问他："下次闹铃响就起床，可以吗？"孩子满口答应着，但当闹铃再次响起来的时候，他还是无动于衷。

妈妈玩了个装傻的游戏——她站在床边，假装没看到孩子："孩子呢，孩子是不是已经起床了？"又故意换个房间问爸爸："你看到孩子没？"爸爸很配合地说："没有。"妈妈故作惊讶地说："孩子不会自己起床后都去上学了吧？早饭还没吃呢！"接着就看到孩子笑嘻嘻地站在妈妈面前了，自己穿好衣服、洗脸刷牙，爸爸妈妈还没坐到餐桌前时，他都已经坐着开始吃饭了！吃完饭开开心心地上学去了。

还有一位学员妈妈，在孩子有起床气的时候，跟孩子玩起了"赶走瞌睡虫"的游戏——用手指扮成毛毛虫，从孩子的脚底一直爬到头顶，一寸一寸地赶走孩子身上的"瞌睡虫"，孩子哈哈笑着，不再疲惫了。

我们常常会发现，节假日孩子起床一点都不困难，而上学的日子起床却困难重重。可见把孩子牢牢吸在床上的并不是别的，正是生活中不想面对的那些部分。这些起床游戏，让孩子与父母建立了情感联结，用爱和理解给孩子赋予了启动的能量，去支持他们面对接下来可能的困难。

刷牙磨蹭：

有位妈妈早上起来，让儿子刷牙。儿子"耍赖"，躺在床上各种不愿意。妈妈像棍子一样蹦了几下（想象一下僵尸走路的样子），唱着歌："我是一个小牙刷。"再动了动头，"张开了小嘴巴，你看我的牙齿……左边刷刷。1、2、3、4……"儿子坐起来，咧开嘴开始笑："再来一遍。"于是，妈妈又来了一遍。几遍之后，妈妈蹦到孩子身边，"小牙刷来了，来，我们刷牙吧！"抱起儿子，两个人甜甜蜜蜜地去刷牙了。

有时我女儿不愿意刷牙，我拿个玩偶说："小姐姐，小姐姐，我不会刷牙，你教我刷牙吧。"女儿很喜欢当老师，于是很高兴地教了起来："今天，姐姐来教大家刷牙：第一步……第二步……小朋友你学会了吗？"于是一边讲解一边非常认真地把牙刷完了。

很多孩子都不喜欢刷牙，毕竟刷牙是一个又无聊又费力、不刷也看不到直接危害的事情。如果孩子小的时候家长常常因为这些事责备甚至威胁孩子，孩子就更容易对这件事情留下不好的印象，愈发不愿意主动去做了。此时更需要用各种各样游戏的方式去减轻孩子做这些事的阻力，今天讲故事，明天角色扮演，后天比赛，让刷牙这件无聊的小事变得既轻松又有趣，同时增进了亲子之间的关系，其乐融融，多重复些时日，孩子就形成了自己的习惯。

除此之外，我们也有责任引导孩子理解我们为什么要有某些规则习惯，

为什么这些事是有必要的。

我在家经常和孩子玩一个"真假规则大竞猜"游戏。游戏规则如下：父母给孩子提 5 个规则习惯的条款。这些条款中，有些是真的，比如："不准推落地窗的玻璃""玩完的玩具要及时归位"，有些是假的，比如"每天刷一次牙""不准玩沙发垫子"（这些真假规则是针对我家的情况，每家不一样）。

孩子的任务是竞猜父母的规则习惯条款——哪些是真的，哪些是假的，然后解释原因。我们可以借此机会检视孩子对这些规则习惯背后的原因是否真的理解。孩子说得不对的，我们需要给他解释清楚。因为是在游戏环境中，他们会听得很认真，而不是觉得我们在教训他。而如果他有很好的理由说服了我们，我们也可以修订那条规则。让孩子参与到家庭规则习惯的制定中，他就更有主动性去遵守了。

同时，有了这些方法，也不代表我们就可以任意"套路"孩子。只要背后隐藏着情感联结不足够、亲子关系不佳、爱之杯空了等问题，就很难赢得孩子的合作。我们需要承认一个事实——孩子和我们的目标、行为节奏、感兴趣的方向是不一样的。他们需要有自主的时间和安排，也需要有留白的时间，如果时间安排太满，孩子也会用磨蹭的方式为自己争取一些休息的时间和自己做主的机会。

你可能会质疑：为什么做这些最基本的日常琐事还这么麻烦，还要用游戏来引导他们？在许多人的期待中，遵循这些规则是理所当然的，所以当磨蹭这种不符合预期的事发生，期待被打乱，心理准备不足，就会很崩溃。

一方面，孩子不是机器人，不是输入程序就会自动运转。养育中不确定性时有发生。从心态上，我们要降低预期，我们可以抱有这样的一种心态——作为家长，处理这些不确定性就是我们必要的工作之一。调整了预期，会帮我们更平和地应对。而大多数时候，真的不是孩子不懂事，而是我们太正经了。当我们去听孩子心里的话，孩子也更愿意听我们的话。把要做的事，变成孩子感兴趣的事，执行起来就顺利多了。

而另一方面，孩子正是从我们对待这些日常琐事的态度中，汲取面对生活的能量的。试想，一个生活在不断催促和要求中的孩子，与一个总是能够获得游戏式的提醒和支持的孩子，谁将来长大后更会拥有面对生活的热情和勇气？会更容易在平凡的日子里活出一个有趣的灵魂？

分享一个小故事：有天醒来和女儿一起躺在床上，我觉得有点浪费宝贵的时间，于是在心里盘算接下来做些什么，随口问她："你在想什么啊？"她笑吟吟地说："我在享受和你单独在一起的时光啊！"我被触动到了，是啊，当我在遗憾过去，或者在担心未来，错过的正是当下"在一起的时光"。我们眼中的"磨蹭"，也许正是孩子在提醒你——在快节奏的今天，你是否也丢失了"活在当下"的快乐？

● 不敢尝试爱退缩？

——装傻游戏，帮孩子找回自信心

社会学习理论的创始人阿尔伯特·班杜拉提出了"自我效能"的理论，

简单来说，自我效能指的是相信自己"我能行"的信念——也就是通常我们所说的"自信心"。相信自己能做成一件事情，对于一个人成功完成一件事的帮助是非常大的。如果一个人认为自己做不成事情，基本上就会真的以失败告终。所以，自我效能感对于孩子的成长、学习，以及个性的养成，有着极其重要的意义和价值。

自我效能会影响孩子的选择——高效能感的孩子会选择富有挑战性的任务，在困难面前不退缩逃避，以坚定的意志力克服困难，努力实现目标。反之，低效能感的孩子会逃避那些自己感到"我不行"的任务。并且，高效能感的孩子在活动时情绪饱满，信心十足，将注意力集中于问题情境的解决。反之，低效能感的孩子总是垂头丧气，内心充满着紧张、焦虑、担忧甚至恐惧。

作为父母，我们都希望孩子拥有自信勇敢的内在力量，能够更加自信，大胆尝试，不怕犯错。那么，我们该如何培养孩子的自我效能感，让孩子更有信心呢？

根据班杜拉的研究，自我效能来源于四个方面：过往经验、替代经验、他人反馈、情绪感受。

过往经验：孩子以往成功或失败的经历。如果孩子在这件事上过去有很多成功经验，并且相信是自己努力做到的，就会更加相信自己。

替代经验：孩子观察到他人的经验。如果孩子发现他的同伴完成了一项很困难的任务，就会产生一种自信——他能做到，我当然也能做到。

他人反馈：其他人在孩子做这件事时给到的评价。如果孩子在成长过程中能获得周围人的关心、欣赏和重视，经常能听到肯定、赞美与鼓励的言辞，更容易建立起积极正面的自我评价。

情绪感受：孩子在做事的过程中身心的感受。愉悦、安全、熟悉、亲切的感受会让孩子更有信心。

由此可见，想要让孩子拥有自信，这三步必不可少——去做事，能做到，感觉好。首先要启动去做一件事，然后发现自己能做到，拥有成功的体验，做到以后得到肯定，产生好的体验，之后就愿意去继续做更多的事情，形成一个积极的循环。但是如果中间某个环节被打断，次数多了，自信就会受到阻碍。

在现实生活中，我们有时会有一些误区阻碍了孩子自信的形成：

过度包办：如果家长在很多事情上过于精细，过早过快地帮助孩子做了他们力所能及的事情。孩子的能力长期没有得到锻炼，也就缺乏形成自信的第一个步骤——去做事。

期待太高：有时我们会希望孩子按照我们所期待的标准来做事情，但这个标准又超出了孩子真正的能力范围，孩子没有办法体验"能做到"的感觉，就会非常受挫，也不愿再去尝试了。

负面反馈：如果我们经常批评孩子，纠正孩子，评价、打击孩子，让孩子感觉"我永远不够好"。慢慢地，孩子也会越来越怕出错，怕失败。

回到培养自信的第一步：去做事。孩子得先做才能体会到自信。孩子初尝试做事的时候，一定是会犯错的，如果我们的反馈让他害怕做不好、担心被批评，处在紧张状态下，肯定是更不愿意去做事的。所以想要让孩子大胆尝试，首先要创造轻松愉悦的氛围。

我女儿三四岁的时候喜欢自己尝试着去穿衣服，有时能成功，有时会穿错。有次她把头伸到胳膊的洞里半天出不来，这时候孩子很心烦，很着急，发出吭吭唧唧的声音，吸引大人的关注。这时家里其他成员有点心烦，担心道："这么一件小事，吭吭唧唧的有什么用？养成这样的习惯，遇到大事还怎么办呀！"

于是我赶紧对孩子说："哇，你知道吗？你现在看起来像是一头大怪兽，看起来好搞笑哦。让我帮你把大怪兽抓出来吧！"她就咯咯地笑了。下次她再穿错的时候，就不再吭唧了，反而笑着说："妈妈你看我像个大怪兽！搞笑吧！"接下来又平静地继续尝试。

想象一下，两种方式，哪一种比较容易帮助孩子建立信心、促进尝试呢？用轻松的方式养育出来的孩子可能更会觉得："其实遇到困难也没有什么大不了的，我可以以一种很轻松的方式和心态去面对它，犯错误也没有那么可怕，这个虽然有点儿难，但是我愿意试试。"

说到这里，我又要提到之前说过的装傻，让孩子赢的方式，让孩子发现父母有时候也不那么完美，甚至还很好笑，在笑声中他就会放松下来，当他不用花费那么多的内在力量去对抗心理的压力时，就敢尝试了。

我在跟随科恩博士学习游戏力的时候，因为我的女儿小时候不敢玩打闹游戏，我专门为此咨询了科恩博士，科恩博士邀请我跟他进行角色扮演，我扮演孩子，他扮演家长。

我扮演的孩子一听说要玩枕头大战，马上躲开。科恩博士用夸张的语气说："你才不会把我怎么样呢！"然后拿着枕头向我走来，当他高大的身影越走越近，我是真的有一点怵的，举着手中的枕头瑟缩着挡在面前。突然，他笨手笨脚地把枕头弄掉了，还掉得很远很离谱，当时我就忍不住噗嗤一下笑了出来。

他说："我是最厉害的，不信你拿你的枕头碰我试试。"我拿着枕头轻轻碰了一下他，他大叫着跟跄后退，假装被我打出去好远，然后他"一瘸一拐"地走过来，嘴里还说着"你才打不过我呢"之类的话，结果依然是纸老虎一个，一碰就被打得远远的。后来我就慢慢地敢放开了。

回家我跟我女儿尝试了这样去做。果然，非常有效，我眼看着女儿脸上的表情从半信半疑，到放松地哈哈大笑，到后来冲过来，真的开始跟我玩打闹游戏。那一次她玩得特别的淋漓畅快，而且在那之后不久，会发现她也开始敢于突破很多之前不敢尝试的事情了，明显是更有自信、内心力量增强了。

有时候孩子不敢尝试，是被他心中的压力压垮了，即便我们并没有给他什么压力，他也有可能被一些奇怪的想法限制住。如果留心，我们会注意到他行动的能力其实受到了影响。装傻可以打破孩子对一些事情的执念，给他们减压。

有个学员妈妈说自己的孩子看到家人都能画完整形象的图画，而自己画不了，就会急到哭。我给他推荐了一个好玩的游戏——"比丑大赛"。全家人一起画画，看谁画得丑，越丑越好。最后评选出最丑的画作，给冠军颁发一个好玩的奖品。于是妈妈郑重其事地举行了这个"比丑大赛"，结果孩子参与度很高，还非常自豪地给自己的画取了一个很诗意的名字，在笑声中打破孩子头脑里对"画画一定要完美"这件事的条条框框，后来，孩子就敢画画了。

"比丑大赛"的游戏，帮助了孩子从压力过载的状态中放松下来。当孩子心里的警报状态解除，才会激发出内在的力量。而在前面第 4 章我们也提到过，笑声是驱散恐惧，带来勇气的最好魔法。

培养自信的第二、三步分别是能做到、感觉好，也就是创造成功的体验并且强化这种好的感觉。

怎么做呢？除了让孩子赢，我们还可以降低任务的难度，增加孩子做成功事情的可能性，以及过程中的乐趣，目的也是让孩子体会成功的感觉。

还是拿画画来举例。有一些好玩的画画游戏，比如说：点点的旅行。用点讲故事，让孩子随便戳一个点，然后两个人从这个点开始，一人一支画笔，牵着点点去旅行。可以编一些有趣的故事。

还有一个类似的游戏，画画接龙。这个游戏，源自心理学大师温尼科特。你画一笔我画一笔，轮流在纸上画，边画边讲故事。

这些游戏可以拓展孩子的想象力，了解孩子心思，不仅可以增进亲子关系，还可以让孩子体会到：画画本来就是用来表达的一种方式，不用非要"像"、非要特别完美。通过这样的方式，让孩子享受过程、获得成功、拥有自信。

有一本著名的绘本《点》，讲的是一个孩子坚决认为自己不会画画。在美术老师耐心的鼓励下，他终于在纸上随便戳了一个点，签了个名，老师给他郑重地裱了起来挂在墙上，孩子觉得不可思议。因为得到了重视和肯定，于是孩子想要做得更好，他开始尝试画了各种各样的点，拥有越来越多的灵感，不断在尝试中创新。后来，这个孩子的作品引起了轰动。可见，去做事、能做到、感觉好，对于孩子培养自信心、打破自我设限是多么重要。

除此之外，玩游戏这件事本身就可以增加人的勇气，有多少人曾经在"真心话大冒险"的游戏里尝试过自己从未想象过的事情呢？有很多不敢做的事，好像带着游戏的保护罩就敢做了，而完成之后，因为增加了新的体验，得到了新技能，就也不那么害怕了。

我和孩子很喜欢玩的一个游戏叫"点亮梦想"。每晚睡觉前，我们会夸夸对方今天做了什么，然后说出一个自己的"梦想"——可以是天马行空的：去北极摸企鹅、考上哈佛大学、发明一艘宇宙飞船，也可以是脚踏实地的：考 100 分、得到 100 个亲亲、得到某种称赞，其他人就会假装"点亮"这个人的梦想，极尽所能地为他喝彩点赞，夸他怎么这么厉害，贡献"演技"，制造沉浸式的氛围。

孩子每晚都很期待这个环节，而我在这个环节也可以放飞自我做做在现实世界不敢做的梦，真的会有一种"心有多大，舞台就有多大"的感觉。

虽然"梦想"是假的，但被肯定的积极感觉是真的，无条件的认可和鼓励是真的，孩子收获的力量与自信的感受留了下来，当孩子重新回到生活中，就更有能量应对真实的压力与挑战。

小游戏

| 魔法手指 |

假装孩子拥有了魔法手指，只要用手指一戳，就能把你推倒。当孩子试着戳你时，你就尽可能滑稽地倒在地上，夸张地叫唤，逗笑孩子。

甚至你还可夸口说："哼，下一次你别想再把我推倒，我会站得更稳的。"甚至你可以扎个马步，到孩子再戳你的时候，你"用尽全力"之后再次倒地、叫唤。孩子会在游戏中感受到力量与自信。

| 游戏说明 |

你们俩可以交换角色。这个游戏能帮助孩子释放紧张，带来力量感。

想要让孩子更有信心、敢于尝试，我们首先要用游戏的心态让孩子放松下来，接着通过降低任务的难度，增加孩子做事的乐趣，帮助孩子体验到更多成功的感觉。放下那些可能会有的各种担心、害怕、迟疑，不要用成年人的标准要求他们坚强勇敢克服困难，要求他们像我们一样面对挫折还可以保持淡定。

日本的一位 8 岁的"哲学家"中岛芭旺在《我看见我知道我思考》一书中说："我的自信是没有根据的自信。有根据的自信，要是没有根据，自信也就没了。"我们往往急着为孩子培养各种知识技能，好像必须有这些知识技能傍身，必须获得某种证书、标签、认证，才有资格自信，它建立在别人对我们说了什么或有什么评价的这个"根据"上。那其实不算"自信"，而是"他信"。当换了参考系或者评价标准，可能这种信心就不复存在。

我们希望孩子拥有的，是从自己内心的土壤里长出来的自信，而这，建立在无条件的爱的基础之上。

● 面对困难挫折难振作？
——快乐中拥有核心抗挫力

抗挫力，又叫作逆商，是一个人在面对困难挫折、面对逆境的时候的应对处理的能力。一个人在人生的过程中不可能一直一帆风顺，肯定多多少少会遇到大大小小的苦难和挫折，而高逆商的人面对逆境，会充分调动自己的能力和潜力来应付困难的局面，最终才能够有所作为。在马云、俞敏洪、史玉柱、褚时健这样的一些社会知名人士身上，都有过从人生低谷逆袭翻盘的

经历。有的心理学家甚至认为100%的成功=20%智商+80%(情商+逆商)。

父母不可能保护孩子一辈子。因此有很多家长会认为：为了帮助孩子锻炼他将来能够面对挫折的能力，我们有必要去给孩子创造一些大大小小的挫折。比如说，不要满足孩子，不要那么快地去满足孩子，不要让孩子生活过得太顺利了、太快乐了，要想让孩子拥有足够的抗压能力，那就得从小给他创造比较高压力的家庭环境，要想让孩子懂得竞争，就在家长跟孩子做游戏的时候，不断地去赢他，让他感受所谓的公平竞争，来提高对挫折的耐受力。

这样的逻辑看起来好像没有什么问题，但如果反过来想想：孩子是什么感受呢？在家长这样对待他的时候，他会觉得自己是一个好孩子，还是一个坏孩子？他是一个有能力的孩子，还是一个没有能力的孩子呢？他会觉得家长是充满鼓励，鼓舞人心的，还是令人沮丧的呢？他会觉得自己周围的世界是安全的，还是对他是有威胁的呢？当孩子总是碰壁，孩子的抗挫力会提高，还是更多的是认为这个世界是一个让人无奈的、充满挫折的世界呢？

逆商理论的提出者保罗·史托兹博士认为，逆商有四个关键要素：

Control 掌控感：相信我可以去改变逆境并为此付出行动。

Ownership 担当力：正确看待逆境发生的原因，愿意承担责任、改善后果。

Reach 影响度：将逆境在生活中带来的后果控制在特定范围而不是广泛蔓延。

Endurance 持续性：避免让逆境对自己的影响持续过久。

它们的英文首字母连起来刚好组成了一个英文单词 CORE，是"核心"的意思。下面我们分别来说一说这四个关键要素如何培养。

1. Control 掌控感

当孩子遇到不利于自己的事情时，立即觉得"我不行，我做不到"，没法改变现状，心态就容易变得很消极。所以，要想拥有掌控感，首先就要帮助孩子看到积极的、自己可以做主的地方，坚信"虽然很难，但一定有办法，我再试试"。

一位学员妈妈和她 6 岁的孩子一起去爬山，强度对孩子来说其实挺大的，走到半路看到孩子想撤退了，妈妈就来到孩子身边，拉着她的小手，面露难色："这座山简直太难了，我也实在不想再爬了，可是听说上面有特别神奇的玻璃栈道，我真想去看看，你能不能帮帮妈妈，给我鼓鼓劲，顺便再扶我一把？"小家伙似乎找到了努力的方向，说："妈妈，咱俩一样，都爬不动了，可我得帮你啊！"妈妈此处趁机入戏再深一点："好啊好啊，有你的魔法神力，我有信心啦！"愉快的登山继续开始了。下半程妈妈就在孩子身边时不时演一把戏："你好厉害，难道你会轻功，我都感觉实在不行想要住在山上了……""哎呀，这个玻璃栈道简直太可怕了，你怎么一点都不怕？"更难的后半程竟然变得很愉快，结果在同行的叔叔阿姨有一部分都嫌累中途折返的情况下，孩子反而成功地走完了全程。

妈妈用了示弱的游戏，用轻松幽默、充满鼓励的方式让处于劣势的孩子建立信心，让孩子在逆境中看到希望和自己的力量，从而提升了掌控感。孩子遇到了困难，得到鼓励又继续尝试，最终成功的过程，其实就是我们希望孩子面对困难的一个态度。这样的经历多了，孩子自然而然地就会接受困

157

难，并且有勇气继续尝试。

2. Ownership 担当力

我们都希望孩子在面对困境时愿意承担自己的那部分责任，有克服困难的主动性。能够及时地采取有效行动，解决问题，在跌倒处再次爬起。但怎样才能让孩子学到为自己的行为负责呢？

我女儿 4 岁的时候，有一天她坐在车上要喝饮料，我告诉她坐车时喝饮料容易洒，可是她认为把饮料拿好就可以，忍不住喝了，结果车一颠簸，果然洒了一些出来。她很生气地说："哼，都怪妈妈，把车开得那么晃，把饮料洒了。"

这样的场景是不是在我们的生活里挺常见？明明我们提前告诉了孩子不要做某些事，孩子不听，吃了亏却赖大人。我当时其实也有些恼火，可是如果我批评孩子，"我早就告诉你了你不听"，孩子会学到挫折发生了互相抱怨指责，发泄情绪。

而事实上，要想让孩子学会承担责任，我们成年人需要先示范承担责任。于是我深呼吸平静了一下，先认同她的感受："你的饮料洒了，你很生气，你觉得这是因为妈妈没有开好车造成的。"

她气呼呼地说："嗯！"

我说："你觉得要是妈妈开得更平稳一点就不会发生这样的事了。"

她又说："嗯。"听起来不那么生气了。

这时候我开始引导她："嗯，你想了一个好办法！那除了妈妈开平稳一点，你还可以做些什么让你的饮料不要洒出来呢？"

她笑了，说："等下车再喝，在车上不要喝。"

我说："好主意！还有吗？"

她想了想又说："把饮料拿纸裹住再喝，就不会洒到衣服上了，或者妈妈遇到红灯的时候再喝。"

就这样，她一下子想出来了好几个主意，也不再觉得都怪妈妈了，而且下次遇到类似的情况，就可以举一反三。

从这个故事里面我们可以看到，孩子遇到挫折，其实她自己的情绪已经十分沮丧了，孩子心理容量小，所以她无法承受，用攻击妈妈的方式来表达自己的懊恼。这个时候父母首先需要保持一个平和的心态，告诉自己：这是孩子的一次体验，只有他自己真正经历了，他才会明白到底是怎么回事。就像我们小时候，父母那么多的告诫都不会真的走进我们内心，而当我们自己真实经历一个过程，才会领悟"原来是这么回事"。而如果家长给孩子说，"看，我早就给你说过，你不听""你看，都是你干的坏事"，将斥责、羞辱和痛苦附加到孩子原本能自然而然获得的体验之上时，孩子会陷入深深的羞愧感，心思集中到抵抗这些羞辱和痛苦上，甚至隐瞒所遇到的困难，就无力去承担责任了。

当我们能看到孩子此时有情绪需要被安抚，等孩子平静下来后再引导孩子思考"你的责任是……，我的责任是……，你可以做哪些事情，我可以做哪些事情"，孩子自然而然就可以学到承担责任、解决问题，学会在错误中吸取教训，也愿意承担困境中产生的后果。

3. Reach 影响度 & Endurance 持续性

逆境所带来的影响既有影响范围问题，又有持续时间问题。这两个维度都是衡量孩子对当前自己所面对的逆境的一种自我判断。

我们希望孩子们遇到逆境的时候能够意识到一个挫折事件只是一个特定的事件，是暂时的影响，不会影响自己其他的方面，不会长期受到影响。而不是遭遇到一个挫折事件，就产生"天塌下来了"的感觉，让挫折事件像瘟疫一样蔓延到生活和学习的方方面面，持久沉溺，甚至采取一些极端的行为。

神经科学认为，孩子在早年遇到压力时能否及时得到缓解，决定了他成年后遇到压力时，是更容易放松，还是更容易紧张。所以如果父母能够越快地帮助孩子卸下压力，这个压力影响孩子的时间就越短，影响越小。

有一位学员妈妈分享了一个故事：她的女儿在柜子上找东西，顺手就把妈妈放在柜子上的背包扔在了地上，她并不知道——背包里有一玻璃瓶的牛奶！妈妈瞬间大叫一声："背包里有牛奶！"女儿也一下愣住了，拎起背包，果然背包里全是玻璃碴和牛奶……

事已至此，妈妈立即收拾残局，孩子好像也感觉到了一种来自妈妈的无形压力，沉默不言地做她的事。

收拾完后，妈妈把她抱在腿上："哎呀，真没想到背包里还有一瓶牛奶，如果有一袋草莓呢？"孩子打起了精神，说："妈妈，那就摔成草莓酱了！"妈妈接着说："如果有鸡蛋呢？"孩子又兴奋了一点："那就是鸡蛋酱！"又说："妈妈，如果里面装了一块蛋糕呢？"没等妈妈说，她就哈哈笑起来："那就成蛋糕泥了！"接着就一起幻想背包里装了什么摔下来更倒霉。

本来是糟心的事，变成了比赛倒霉的游戏，从郁闷变成了欢笑，压力化解了，还学习了什么东西容易摔碎。

其实孩子在犯错后已经感受到了压力，试想一下，如果孩子受挫时，妈妈继续批评指责孩子，发泄自己的情绪，不仅不能帮孩子卸下压力，还给孩子增加压力。孩子受了挫，还要担心怎样应对家长的批评指责，那么孩子从受挫的情绪中走出来的时间就会更长。

我女儿喜欢拼图。有一次，兴许是集中注意力的时间太长让她感到疲惫，抑或是某一片图案一时没有找到而感到十分气馁，结果就在一片拼图被不小心碰到地上的时候突然爆发了，毫无预兆地把半幅已经拼好的图全部扔在地上，还把放在沙发上的没拼好的碎片也全部拨到了地上，弄得一片狼藉。

我坐在旁边看书，被吓了一跳，差点就脱口而出："拼图掉就掉了，你至于把全部东西都扔在地上吗！"这时她也抬起了头，睁着黑亮的眼睛观察我的反应。我的那句话已经到了嘴边又硬生生地咽了回去，按捺住内心的波澜，问她："你累了？"她说："嗯！"头就搭在了我的膝盖上，我的心一下就柔软了下来，摸摸她的头："你拼了好久的拼图了，时间太长了眼睛都看花啦。"又揉了揉她的脖子，说："妈妈看书看久了也会感觉到很累，集中不了注意力。"然后就静静地什么都没有做，陪着她。

大概过了10秒钟，神奇的事情发生了。她把地上的拼图一片一片地捡了起来，又花了不少时间专心地把整幅拼图完整地拼完了。然后很高兴地说："我自己一个人就拼好了！"

我很庆幸自己在即将爆发时及时收住了对孩子的指责，而用了认可孩子情绪的方式去面对孩子受挫发脾气的行为。孩子在生活中不时会遇到挫折，但孩子的挫折、迷茫、苦闷都是属于他们的，不属于家长。本来只是孩子一个人遇到了问题，结果孩子的反应却往往会激发大人的情绪。

如果大人能把自己的情绪问题留给自己去解决，而不把脏水泼给孩子，才能给孩子传递出无条件的爱与支持；当孩子的感受得到了无条件的接纳和释放，他们才有能力为属于自己的问题找到解决办法。

如果我们不以自己的能力去揣测孩子们遇到的挫折大小，而是从孩子的角度出发，就会发现其实孩子的生活中并不缺乏挫折，从小到大他们可能会在走路方面受挫、吃饭方面受挫、穿衣服方面受挫、交友的时候受挫、学习的时候受挫。那些在我们看来再简单不过的事情，对于他们来说都可能是无法逾越的大山。

真正影响孩子逆商的其实并不是孩子受到挫折的多少，而是我们父母应对挫折的态度。挫折教育，不需要父母人为地为孩子制造绊脚石，而是要在这些孩子每天都会面对的、自然而然的挫折中，示范给他们跌倒了如何爬起来，重新前进。从一个遇事不焦虑、淡定轻松地应对挫折的父母身上，我们的孩子也能够学会在面对挫折时拥有一个良好的心态。

● 被人欺负 or 欺负别人？

——画出界限感，玩出社交力

在儿童时期，社交是非常重要的一部分。有的时候在学校有没有好朋友，甚至会非常影响孩子爱不爱上学；而和老师同学的关系，也会影响孩子能不能学好。每个孩子的社交能力和社交表现，差异很大，各不相同。至于孩子到了青春期，同辈的影响就更大了，有时甚至超过了父母的影响，所以，我们有必要在早年为孩子的社交能力打下良好的基础。

社交中，不能回避的一个话题就是界限。我们常常会发现，在幼儿园或者学校，有些孩子知道什么事情该做什么事情不该做；但有些孩子相对就很容易和别人发生冲突，不能维护自己的物品，也随意乱拿别人的东西，难以区分别人是故意的，还是不小心的。很多时候，这是因为孩子没有建立清晰的界限，或者界限过于僵化。

有良好的界限感的孩子，当别人碰触她身体或者拿走他物品的时候，会表示"不可以"，去学校、公共场合也会调整自己的行为，因为他分得清楚外面和家里面的规则是不一样的。而界限感不那么好的孩子，就容易肆意发泄自己的情绪，觉得他人应该为自己的情绪、行为负责，在学校可能总是被欺负，或者总是欺负别人的孩子，不知道怎样才能与人建立正常友好的关系，要不就过度地被侵犯边界，要么就是侵犯别人的边界，很难和人相处。

界限涉及人和人交往的方方面面，简单地说，就是把自己和他人区别开来，你是你，我是我，哪些是我要做的、要承担的事情，哪些是你要做的、要承担的事情。它包括我们看得见的身体界限，还包括看不见的人际关系的界限。

身体界限，顾名思义，我的身体是我自己的，是被尊重的，我有权利也有能力去保护我自己的身体。没有这道界限的保护，就意味着一个人的身体是可以被随意侵犯的，不太懂得自我保护，也没有反抗的勇气，他也有可能

去侵犯其他人，对孩子来讲，这是很危险的。只有建立好身体的界限，孩子才会保护自己，更好地健康成长。

人际界限则包括物质界限和情绪界限。物质界限，就是谁的物品谁做主，要使用别人的物品，必须经过别人的同意。情绪界限，则让孩子感觉到，他的情绪是他的事，每个人要为自己的情绪负责，我们可以有情绪，可以生气、伤心、难过，但不能因为自己有情绪了，就把这情绪撒在别人身上。我们可以去做一些事情去表达、纾解情绪，比如打沙袋、打枕头，把情绪限制在我们自己负责的范围内，而不做侵犯别人界限的事情。上一章我们提到父母可以理解孩子的情绪、陪伴他度过自己的情绪，而不是压制它，其实就是在尊重孩子的情绪界限。

怎样帮助孩子拥有这些界限呢？

我们看见孩子在学校受了委屈，常常会给孩子一些建议，比如说要打回去啊、告老师啊之类的，但是往往发现没有用。其实界限是在关系的体验里面自然而然形成的，而不是我们刻意地教出来的。亲子关系是孩子处理人际关系的一个模板。家长为自己的身体负责、为自己的物品负责，孩子都会看到和模仿。家长自己有界限，就会通过方方面面传递给孩子。

孩子没有界限，可能是因为家里的界限也不是很清晰。比如大人言行不一致；自己没把东西放好，又嫌孩子乱动；自己有了情绪冲孩子乱发泄，却认为都是孩子的错；还有的孩子说吃饱了，硬逼孩子多吃；孩子说不冷，却硬让孩子穿很多衣服，这都是在破坏孩子的界限感。

有位妈妈告诉我，孩子跟同学相处的时候，只能和服从他的同学相处，

别人要是不服从他，就发脾气或者无法继续交流。后来我了解到，家长在与孩子沟通的时候，就是孩子一不听话就发火甚至打骂。孩子学会的自然是"顺我者昌，逆我者亡"。

所以，想让孩子界限清晰，我们自己要言行一致，身体力行。当我们自己有良好的界限感，孩子也会耳濡目染。除此之外，还可以玩一些增强孩子界限感的游戏。

对于身体界限，孩子小的时候，父母可以和孩子玩一些身体接触类的游戏，比如拍拍孩子身体不同的部位，这是胳膊，这是肚子，这是肩膀，有的地方硬硬的，有的地方软软的，有的地方好像使劲儿拍都不会疼，有的地方轻轻一拍就疼了。爸爸的肌肉硬硬的，宝宝的身上软软的，让孩子对自己的身体有感受、有意识。这就是一个建立界限的过程，很多孩子身体被侵犯，是因为他对自己的身体没有意识、没有感受、没有觉察，就找不到这个界限。

大一点的孩子呢，打闹游戏就是最有效的建立身体界限的方式。通过打闹游戏，孩子能够感受到力量的强弱，练习控制自己的力量。等他练习比较多了，自然而然就能发展出身体的界限，也就是我们平时说的"知道轻重"了。

对于增强人际界限，我们可以用角色互换的游戏。

女儿的好朋友拿了几个冰激凌分给小朋友们。她想吃其中的草莓味冰激凌，可是好朋友把草莓味冰激凌给了另一个孩子。给了她一个她不喜欢的味道。她有点失望和生气，回来跟我抱怨："我想要草莓味的，他都没给我。"

　　我邀请女儿把发生的事情演出来给我看看。第一次，我们模拟了一遍情景，我扮演好朋友，她扮演她自己，她没有获得想要的味道，很失望。

　　第二次，她扮演拥有冰激凌的好朋友，我扮演孩子。演的时候我就哭哭闹闹地求着她给我草莓味的冰激凌，结果她说："这是我的，我来决定。"可以看出来，此时她其实已经感受到了这个是小朋友的东西，是小朋友自己来做决定的，所以没给她分也无可厚非。

　　于是我问："如果时光倒流的话，你希望当时会有什么样的不同？"接着又扮演了第三遍。我再次扮演了好朋友，女儿扮演了她自己。这次她说："你要是给我吃草莓冰激凌的话，下次我就给你带你喜欢吃的那种吸吸果冻。"可以看到，孩子开始想办法了。因为她理解了别人的感受，明确了人际关系之间的界限，她自己就能想出来比生闷气更有效的、彼此尊重的解决方法。而且她自己想出来的，也很有成就感，更容易举一反三。

　　角色扮演的游戏，让孩子在有情绪的时候，能够比较敏锐地觉察到自己和他人的情绪，自己想出解决方法，并且用合适的方式表达出来，而不去伤害到别人。这比妈妈刻意教给他某些方式要有效得多。

　　我们知道，根据别人和我们关系的亲疏远近，我们所能做的事情也不尽相同。我们和亲密的人可以做的事情更多，和关系远的人，就有更多不可以做的事情了。

　　有位妈妈分享过一个游戏"画出社交圈"。和孩子画一组同心圆。在同心圆的最里边是我们关系最亲近的人，比如爸爸妈妈。我们可以和孩子去聊：和爸爸妈妈有哪些事情可以做呢？和爸爸妈妈关系比较亲密，当然可以做好多的事情，包括拥抱、亲脸、洗澡、打闹，等等。

　　更大一层的圆里面可能是爷爷奶奶、姥姥姥爷。在这一圈里，我们又有哪些事情可以做呢？可能是一起散步、吃饭，等等（每家的情况不同）。用这样的方式边和孩子画圆，边写上或者画上这些关系，聊一聊我们可以和这些人做什么事情。

通过这样直观的方式去帮助孩子梳理不同人之间什么可以做，什么不可以做，非常直观有效。把界限演出来、画出来，抽象的概念一下子就形象化了。

一个人格灵活的人，界限并不是僵化不变的，而是可以根据情况去选择和调整的。而游戏，就给了这些变化赋予了足够的调整空间。

有天放学我去接孩子，路上俩孩子吵了起来，姐姐说弟弟"小笨蛋"，弟弟跑来告状。我悄悄教他一招："你听说过假话国吗？在假话国，人说的话都是反的，'小笨蛋'就等于'大聪明'，'丑八怪'就等于'大美人'。你现在就是假话国的国王，出来巡视啦，你一只脚踩在假话国的边界上，一只脚踩在真话国的边界上，听到别人说的话先不要惊慌，你可以选择抬起脚躲过，你想抬起哪一只脚就抬起哪一只脚。"

弟弟马上得到核心要点，笑了，于是在假话国和真话国自由切换，姐姐说不好听的话时，他就站在"假话国"的国土上，说好听的话时，就站在"真话国"的国土上，于是再也不怕姐姐说他了。

还有时，我会假装给他套上一个"保护罩"，有了它，不管谁说什么都伤害不到他，被它吸收或者反弹了。我假装用一个奇奇怪怪的口令召唤出了一个隐形的"保护罩"，然后再邀请姐姐说话试试，果然弟弟就笑嘻嘻地跟没事人一样。姐姐一看说话没什么作用，自然就不说了，俩人又在一起玩了起来。

"假话国""保护罩"其实都是隐喻。人生在世，总有很多我们没有办法

控制的事情，但我们总是有选择的，选择自己是否被那些外界的负面评价，以及别人扔过来的"情绪炸弹"所影响，但这需要自主性和力量。我希望用想象游戏的方式赋予孩子"做自己"的勇气。有时候，还击是因为我们勇气不够，反击来凑；这份勇气够了，就会像一层保护罩一样，可以在"枪林弹雨"中既不伤害别人，也不被别人伤害。

保护界限，并不是总要扎上"铁丝网""铁蒺藜"才能保护好，当孩子的自尊包裹在这层由爱和信任筑就的保护罩里面，向外透露出的，是暖暖的善意。

● 搬家升学适应难?

——帮助孩子平稳度过生活改变

在孩子的生活中，会有很多变化，有些甚至是不可避免或无法控制的变化，比如搬家、主要照料人变动、升学、分床、添丁、家中有人生重病、外出旅行或者回老家探亲，等等。有的是物理环境的变化，有的是社会环境的变化。有的变化会让孩子感觉难以适应，对孩子影响非常大。有好几位妈妈曾告诉我，刚搬了家时，家里的孩子变得很敏感、爱发脾气，有的会显得比较退缩，有的还爱哭闹，甚至频繁地尿裤子，等等。

这些事情对我们大人来说，可能影响不是那么大，兵来将挡水来土掩罢了，甚至像搬家这样的事，可能我们还是充满期待的。除了换一个地方居住，我们的社交圈、工作、娱乐的方式等，都没有太大变化。但是对于孩子来说，不但居住的地方变了，熟悉的朋友也没有了，玩耍的小区变了，邻居变了。除了爸爸妈妈，其他的都变了。这动静可不小，跟我们大人出国、移民有一拼。想象一下，把我们扔到一个陌生的国家，语言又不是很通畅的时候，会有什么样的感觉？

而且孩子观察能力、感受能力比我们大人要敏感多了，很多对我们来说熟悉的元素对他们来说都是全新的信息。对我们来说，这个小区和那个小区都是小区，属于同一种类型的事物，所以吸收起来非常容易；但对孩子来说，分类并没有我们那么明晰，他们吸收的更多是一个个的细节，所以大人觉得没有变化的，孩子却会觉得变化很大，焦虑大大增加。

那我们应该怎样去帮助孩子呢？

首先是需要家长内心保持稳定。这些变化对家长多多少少也是有影响的。所以我们家长也要审视自己的内心，是否足够稳定和放松。

《游戏力》一书中，科恩博士讲了一个"第二只小鸡"的故事：当小鸡在遇到危险时，它会本能地拉响警报，躺着装死。但如果还有第二只小鸡在它旁边悠闲地踱步，它很快就会解除警报、恢复正常。孩子就好比是这只小鸡，当他们遇到困难、挑战时，他的大脑会本能地启动安全保护系统，会焦虑。而父母就是这第二只小鸡，如果此时他们看到父母是镇定的、自信的，他们也会很快恢复平静。

我们做父母的，想要当好孩子的第二只小鸡，把平静的信号传递给我们的孩子，就需要在情绪上理解、接纳他们的焦虑，给孩子一段适应的时间，

陪他一起去熟悉新的生活，适当地允许孩子出现退行的行为（退行：放弃已经学到的成熟的应对方式，使用更原始、幼稚的方法来应对当前情景，来降低自己的焦虑）。因为孩子通过退行收获熟悉的感觉，对他们放松有好处。

当然，在这些变化中，我们做父母的要完全不受影响，真的也是很难的，甚至是不现实的。在变化当下，大人和孩子都不容易。所以我们首先需要用自己的方式照顾好自己，同时适当降低期待。

其次，我们需要从建立心理稳定性、理解孩子的感受方面入手，帮助孩子去表达他们的感受和想法。说出他们的担心、害怕，让孩子的情绪有一个出口。

遇上生病、意外等不能预料的事情，确实会让我们措手不及。但在生活中也有很多变动，是我们提前计划好的，比如说搬家、转学。当我们能预期的时候，要提前做准备。准备过程中让孩子尽量多地参与，帮助他们获得掌控感。

比如，当我们计划要搬家的时候，我们可以和孩子提前讨论搬家的事情，并且允许孩子提问。可以讲一个关于搬家的故事，告诉他们我们要搬家了，要搬到什么地方去，问一问孩子："你对新家有什么样的期待？"大的孩子可以用语言来描述，小一点的孩子可以用画画来表达。畅想一下我们的新家会是什么样子的。用这样的方式，去引起孩子的憧憬，调动孩子的积极心态。

接下来，可以让孩子参与搬家的过程，比如，参与打包，参与新家的环境布置，为新家购置一些物品等。这也是让孩子有掌控感，而不是完全被动接受。还可以让孩子带走一些旧有的东西。让孩子的生活结构里，有很多能够在变化中"保持稳定"的东西，也是将新旧生活连接起来的东西。他们会感觉到生活中虽然有很多变化，但是有一部分是稳定的。

搬家结束的时候，我们可以和孩子一起对旧生活做一个告别仪式，比如，对我们居住的家说再见，对小区说再见，和邻居告别，做一张告别卡片挂在小区的树上，等等。

搬家之后，我们还可以帮助他们适当地和过去的生活联结，比如讲讲过去生活中的故事、画画、和旧日朋友联系，等等，不要截然隔开。可以聊一聊过去的事，与之前建立联结。聊一聊现在的情形，有什么不同的变化，孩子对这些变化的感受是什么。让孩子在两者之间平稳过渡。包括讲一些隐喻性质的故事并扮演出来，在前面的章节里我也提到过"狮子搬家"的故事，这些都是很有效的方法。

同时，变化其实也是抽象的，我们之前说过，对于抽象的事物，我们可以帮助孩子用具象化的方式表达出来，比如邀请孩子把变化画下来。

给孩子一大张白纸，然后把白纸对折，左边是"之前的世界"，右边是"之后的世界"，请孩子想一想、画一画。变化之前是什么样？变化之后什么样？这些都可以画下来。画完之后，我们和孩子聊一聊，并不时地帮助孩子表达他的感受。这个过程，就是在帮助孩子梳理这个事件，帮助他整合这些体验。同时，孩子内心混沌的感受，会一点点更加清晰起来，感受越清晰，就越容易被梳理出来，从而得到释放。

类似的还有——我们还可以和孩子一起玩"找不同""找相同"的游

戏：和孩子一起找出搬家前、搬家后家里有什么不同、有什么相同，甚至还可以平时就在家里时常做一点摆设上的不同，让孩子找找有什么变化。

这个游戏的核心在于把"变化"看作是"不同"，而不是"优劣"。我们陪着孩子带着一颗好奇的心去"观察"变化，以及变化带给我们的感受时，就已经是在"接纳"变化，而不是带着满腔的情绪去"评价"变化、"对抗"变化了。"变化"便不再是个问题。

有一位妈妈分享过帮助孩子适应转学后生活变化的故事：

这位妈妈上二年级的孩子刚经历了转学没多久，而且是从一个城市转到了另一个城市。晚上与孩子睡前聊天，孩子谈起很想念以前的老师、同学。

妈妈提议跟孩子玩一个假装游戏："如果你有一支魔法棒，你会希望有什么不一样的呢？"

孩子在"魔法"的加持下，展开畅想，跟妈妈分享了"挥挥魔法棒"后自己理想中的学校生活：有喜欢的老师、熟悉的伙伴、先进的设备、有趣的学校活动……讲着讲着，孩子越来放松，甚至还发挥想象，与妈妈分享有了"魔法"加持的学校长什么样，还说起了如果自己成了这个学校的老师，会怎样教自己的学生。

妈妈在过程中没有打断孩子的"不切实际"，而是一直耐心地倾听，顺着孩子的思路询问孩子故事中的细节，称赞孩子的想象力，和孩子约定好明天继续来听他分享的"魔法学校生活"。（是不是很有《一千零一夜》的味道？）

在这样的想象游戏中，孩子可以用虚拟的游戏和想象来对冲现实世界的不确定性和不完美。也可以看到孩子从一开始没有主动性，只能被动地接受生活带来的改变；到通过"魔法"，发挥主观能动性，对于生活素材进行了再次创造，逐渐拿回了自己的主动权，从而拥有更强的复原力和适应力。

当然，玩了这些游戏也不是瞬间就能消除孩子的所有焦虑，生活状态的适应是有个过程的，孩子有情绪也是正常的，可以参考上一章面对孩子情绪的内容。有一些实在不知道如何疏导的情绪，还可以通过打闹游戏释放出来。

我女儿快 4 岁的时候经历过一次搬家，那是她出生以来我们第一次搬家，孩子平时看着都很正常，但是在幼儿园午睡的时候，她频繁地要去上厕所，不让去就急得快哭了，一中午要去十几次。我猜是她的焦虑出现了躯体化的反应。于是我请了一天假，带孩子去了一个蹦床工场，在那里玩了整整一天，陪她玩各种追逐打闹游戏；晚上回到家还玩了枕头大战，吹了几十个气球，一起抓爆它们，孩子的情绪在这些游戏中得到了释放。次日就观察到，频繁上厕所的情况发生了明显的改善。

如果可以扮演出来的情景，也可以进行角色扮演，或者用玩偶扮演，比如扮演搬家，扮演上幼儿园、上学，等等。

有位妈妈分享她女儿上幼儿园的时候，第一个月是非常焦虑的。有一天晚上她自己背着小书包在家里扮演上学的情形。把门打开，说拜拜，出门，再进来。自己演过几次之后，就干别的去了。演完第二天开始，她上幼儿园就没再哭了。可以说，孩子在游戏中疗愈了自己。

我女儿在一年级第一学期，也特别喜欢玩扮演老师的游戏。让我和爸爸

当学生，扮演老师是如何教小朋友遵守纪律、完成学业的。在这个过程中，我们得以了解孩子在学校的一些情况和感受，也便于我们更好地支持她适应新的学习环境和成长阶段。

从上面的两个故事可以看出来，孩子会自发地去玩那些他们在当下最需要的游戏。

父母怎么看待变化，孩子也会接受到同样的态度。我们对待变化是"抗拒"还是"迎接"，会直接影响孩子看待变化的方式。如果我们能让孩子感受到——虽然环境变了，但人没变，关系没变，爱和支持也没变，就掌握了帮助孩子适应新环境的核心。

第**6**章

玩出自主学习力

"我那么爱你，才不愿跟你吵家庭作业的事。"

——《自驱型成长》

我们都希望自己的孩子学习起来的状态能像一台高速的跑车，一脚油门下去瞬间加足马力，一路过关斩将，畅行无阻。但在很多家庭中，孩子学习起来却像老牛拉车，需要不断拿小鞭子抽打，还时不时分神去路边吃草，甚至陷入泥泞难以自拔。这是为什么呢？

一辆跑车要能发挥出最大的能力，需要具备积极可靠的驾驶员、强劲的动力系统、高效的能量传递、尽量小的行驶阻力。本章即从这四个方面入手，谈谈如何让孩子在学习方面成为一个"积极可靠的驾驶员"，提升学习动力，提高学习效率，降低学习阻力。

● 从"不会学"到"有办法"

——一起做个实验，探索学习方式

学车的时候，我有幸遇过一位很好的教练，他坐在副驾时，并不多说话，只是放手让我驾驶，过了一段路停下来，他会给我做一些小结，提醒刚才有哪些需要注意的地方，让作为新手的我思考和摸索一会儿，再继续上路。情绪非常平稳，让我觉得很安心，仅仅在少数危险的时候，启用紧急刹车。在他的指导下，我很快就学会了开车，而且有信心上路。

而很多人也都遇到过这样的副驾驶——他们往往是更有经验的"老司机"，总是一惊一乍，坐在边上不断地指指点点、喋喋不休："看路看路！""为什么不超过去？""为什么没开转向灯？""压线了压线了！""哎呀……啧啧啧……"像念紧箍咒一样让驾驶员头晕脑涨，无法集中注意，影响判断力。

显然，想要培养一名"积极可靠的驾驶员"，最不需要的就是后者这样的副驾驶。然而在孩子成长和学习的过程中，很多家长常常不自觉地充当着这个糟糕的副驾驶的角色。拿写作业来举例子——孩子一回到家，就提醒孩子："作业写完了没？快去写！先写完作业再玩！今天几项作业？咱们来安排一下吧！先写语文吧！坐好、坐好！那个字写出格子了，擦掉，重写！注意姿势，别低头！好好读题！你上课听讲了没？别玩橡皮！眼睛看哪儿呢？怎么又错了！注意力集中！……"

车是孩子的车，路是孩子的人生之路。好的副驾驶，就是让孩子坐稳驾驶员的位置，给孩子自己看路、自己回忆技法的时间和空间，给孩子足够的支持和肯定，增加从不会到会的自信，然后在练习中逐渐提升能力。而糟糕的副驾驶，则会希望驾驶员像提线木偶一样，自己说一句，对方就立刻马上按照自己的意思去执行。

明明是孩子自己的车，而他却没有控制权，只能跟随父母的安排去父母想去的地方，还得用父母的方式来执行，那这辆车对他来说就没有意义了。最后，孩子要么懒得动、懒得学；要么用被动的方式与父母争抢自己的主权——学习是你想让我做的事，不是我自己想做的事，只要你不看着我，我就做我自己想做的事（比如玩电子游戏），他们不觉得这样对自己有害，反而觉得这是从父母那里抢回来的时间。

那么，为了培养一位"积极可靠的驾驶员"，我们应当做怎样的"副驾驶"呢？

1. 把方向盘交还给孩子

学习是一种综合能力，比如记忆力、理解力、专注力、自控力、意志力、独立思考的能力、自我激励的能力，等等，每一种能力的发展都需要经过长时间的培养。成年人需要一段时间才能学会如何驾驶一辆汽车，但学会驾驭我们的身体、大脑进行学习，需要更久的时间，而不是一到上学的年龄，期待孩子直接拥有这些能力。

事实上，孩子学龄前的时候有大量的实践和活动是在游戏中进行的，他们在游戏中就逐渐在锻炼这些能力。"自由玩耍时间"在学龄前孩子的世界中，是不可或缺的一部分。当孩子有机会进行自由玩耍时，他们就会自行决定自己如何分配自己的注意力和时间、哪件事对于他们而言最重要，这对于提升他们的主动性和控制感至关重要。

我儿子两三岁时，喜欢趴在小区的水池边，用各种手边所能收集到的材料捞水玩儿。起初，他发现棍子蘸水之后可以带上来几滴水，于是就趴在那里用棍子调整角度，不断尝试怎样能捞上来更多的水。后来又尝试使用其他材料，一会儿用细长的柳叶，一会儿用宽大的玉兰叶，一趴就是两个小时起步。我在后面负责拉住他的脚或者拽着衣服以防他掉下水去，或者在他需要一些新材料但又够不到的时候负责当他的"梯子"。其他的时候，只是观察就好。我注意到在为了寻找实验材料而奔走的途中他摇摇摆摆而又急切的脚步，也注意到趴在水边做实验时他眼中聚精会神的光芒，那份神采奕奕的模样，好像在进行世界上最重要的探索发现。

通过几个小时的探索和实验，他自然会收获一个结论：叶片面积越大，捞的水就越多。我当然可以只花两分钟的时间直接告诉他这个结论，用不着

"浪费"两个小时的时间。但更重要的是，除了这个结论，他收获的还有专注力、对比、观察、统筹、独立思考的能力和坚持精神；随着这种体验的积累，他会逐渐拥有"我可以通过自己的努力换取知识、解决问题，我是一个很有能力的人"的信心和勇气。

人的大脑并不是像网盘一样，直接将知识上传就可以学会，而是通过不断地积累体验，并且在生活中迁移和运用，形成规律和经验，以及他们对这个世界的理解。对于学龄前的孩子来说，游戏就是他们的工作和学习，如果我们在孩子的游戏中不断地去干扰他，孩子搭积木，家长不断告诉他"你这样不行，会倒的"，孩子玩小汽车，家长在旁边教"这个不是这样的，要这样玩"，等等，不难想象，这样的干涉行为在孩子长大后延伸到写作业的场景，就变成了："你又走神了，这样不行，要专心。""不要磨蹭……"向孩子传递的信息是"你不行，你得听我的；你不用为你自己的学习负责，我会教你的，我来负责"。为了纠正一个个具体的行为而破坏了孩子的自主性，可谓得不偿失。

我还记得女儿一开始在学习安排自己作业的时候，总是急于完成，看到哪项就写哪项，没有对于先后顺序的安排和规划，于是我们一起把所有需要完成的作业都拿出来摆在桌上，就像一张张扑克牌。扑克牌要打好，先后顺序很重要，于是她开始学着调整一项项作业的顺序。初时，她会把所有需要简单抄写的放在最前面，但试了一段时间之后，我们发现，这样会越写越累；而且到了后面需要思考的作业时手累眼困，难以投入思考。于是后面再次进行调整和不断优化，最后孩子终于学会了按照自己的状态来分配作业时间和项目顺序。

作业时间管理并不是教一次就可以一劳永逸的技能，需要孩子不断地练习，积累第一手的体验来形成自己的判断，这个过程可能需要几个星期，甚至几个月，而且是需要孩子在有一定时间感知的能力之后才开始练习的。当我们急着因为孩子一两次作业时间分配不佳就批评孩子，或者自己上手替孩子安排的时候，就像在抢夺孩子手中的方向盘，孩子会慢慢失去驾驶自己这辆车的主动性，自然也会失去学习的主动性。当孩子的方向盘被抢走太久，家长再把方向盘交还回去时就会面临双重难题：一方面不放心，不敢交还；另一方面，孩子习惯了依赖和懈怠，也不肯接方向盘。

把方向盘交给孩子，意味着我们平时需要对孩子说点这样的话：

"对于这件事情/这样安排，你怎么看？"

"你是最了解自己的人，我相信你能做出明智的决定。"

"你接下来有什么计划？"

"你打算怎么安排自己的时间？"

"你需要我做些什么？"

"你来决定。"

也许一开始孩子并不能够提出最优的见解，但这并不意味着我们就应该从他们手中抢走方向盘，这只是意味着他们需要更充足的时间和练习机会，需要我们更多的支持和鼓励，用来调整和发展自己的技能。也意味着我们需要相信不管孩子如何决定，他都是自己人生的主人，并能从中有所学习——甚至是从错误中学习。

2. 和孩子一起"做实验"，复盘"实验结果"，帮助孩子认识自己

那些被称为"学霸"的孩子，往往在学习的时候心中有目标、有方法，知道自己学习的重点，拥有自我监控的能力，在路线和状态出现偏离的时候能及时进行自我调整，而不是一味闷头苦学，没有对学习过程的觉察和反思。心理学上把这种观察自己学习过程的能力叫作"元认知"。(节末附"元认知"详解)

我们都希望孩子能发展出元认知的能力，而每个孩子都是天生自带这种能力的。以专注力为例，许多孩子在作业中遇到困难或者疲累的时候，会时不时地动动这儿、抠抠那儿，如果我们有机会观察他们，会发现他们往往走神一小段时间，或者经过简单的提醒，会意识到自己走神了，自行回到学习的轨道上来。

但家长往往会批评孩子"你怎么又注意力不集中了"，接着长篇大论论述专注力的重要性，希望通过说教一劳永逸地让孩子明白专注的重要性，从而真正做到专注，而再也不用提醒。这时候，孩子犹如拥有一个聒噪的"副驾驶"，一直在耳旁监控他，告诉他该做什么不该做什么，这会让他的注意力更加疲累，情绪也因此受到影响。而且他对自己的监控和调整的能力就会被打扰得支离破碎，很难发展出元认知的能力。

我们要做促进孩子发展"元认知"的副驾驶，要做的除了把方向盘交回到孩子自己手里，还要把"观察自己、监督自己"的任务也交还给孩子。

有次我发现女儿一边做作业，一边开着音频听故事，我担心她注意力不集中，写作业效率低下，但一想到她自己可能并不认为听故事会影响专注力，我贸然去劝说有可能反而对她是一种打扰。于是在她休息间隙的时候我问她："我看到你一边做作业，一边听故事。你知道吗，关于这个行为，我听说过两种说法：有一部分人认为听故事会分散注意力，让你写作业的速度变慢；还有一部分人会认为听故事会让写作业变得没有那么枯燥，心情更好，所以写作业速度会变快。我觉得两种都还挺有道理的，我很好奇你会同意哪一种啊？"

她稍稍想了想说："当然是第二种啦，我确实会觉得一边写作业一边听故事比较轻松，时间不知不觉就过去了，分散了注意力，手也就没有那么累了。"我说："哦！原来是这样！原来你是在用听故事的方式调整自己的状态。"

过了一会儿，要做数学作业了，她还想听故事，我问她："咱们再做个实验吧，看看听故事的方法在你做数学作业的时候是不是也会起作用。"一提到实验，女儿马上来了劲。于是，在做数学作业的时候，就也多留了点心，观测自己的注意力状态。不过很快她就发现，在读题的时候，听故事不但没有帮助，反而会影响自己读题，要么读不懂题，要么就会错过一些关键的故事情节。在计算的过程中听故事，也很容易出错。

她又经过几次对比测试，一部分作业是专心写的，一部分是听着故事写的，很快就发现：在做抄写等简单机械的作业时，听故事可以驱除疲惫；而在做需要思考推理等复杂作业时，关掉故事可以帮助集中注意力。

后来，我们还比较了不同状态下作业的正确率、写字的美观程度、速度等，结果自然而然就会呈现出来。

采用实验的方式，孩子开始自己观察自己、监控自己，把自己的学习过程当作观测对象，其实就是在培养孩子学习时的元认知。我们都希望能够培养孩子好的学习习惯，可是"别人说的好"并不见得最适合自己。可以想象，这样的实验次数多了，孩子一定会找到属于自己最佳的学习习惯，而且是她自己发现的，更了解自己，更有掌控感，孩子感受到的是"妈妈在和我一起探索怎样学习效果更好"，内耗少了，专注力自然而然也会得到提升，在学习的过程中就会更轻松。

反之，如果孩子总要分出一部分注意力去担心家长的批评和催促，达到家长的标准，甚至总是为了一些"家长认为正确，而孩子自己不认同"的学习习惯产生情绪内耗，不仅破坏了当下的专注力，还会在亲子关系中埋下定时炸弹。

有一位学员妈妈跟我分享过一个故事：她的孩子二年级了，成绩还不错，但上课特别容易溜号走神，甚至想和同学说话。妈妈问他："你是不是觉得课上内容无法喂饱自己，让自己忍不住想要走神，而且发现走神以后，好像对学习成绩没有什么影响？"孩子连忙点头。

妈妈告诉他："我觉得这只是暂时的没有影响，因为如果你练出了上课走神的肌肉记忆的话……"孩子抢答："我知道，就是等以后三年级以后课程越来越难了，我再走神，就会跟不上了！"妈妈："是的，就是这样。学习内容会随着年级增加而逐渐增加的。虽然现在没问题，但是这样存在隐患。妈妈给你分享一个绝招——万一你无法控制自己走神的时候，就想一想：我怎么就这么牛！这么快就学会了知识的？！我到底是怎么才做到这么快就学会知识的？然后把自己总结下来的经验，写在自己的笔记本上。"

孩子听完，愣了一会儿，然后一拍大腿，特别兴奋地说："呀！这可真是个好办法！我之前怎么就没有想到呢？！"

这么做了一段时间之后，孩子跟妈妈分享了自己总结的各项经验，逐渐总结出一套属于自己的学习方法。

有的家长会说："我孩子不是学习的那块料。"但其实绝大多数孩子都是从零开始靠自己的摸索学会了站、坐、爬、走、跑、跳，学会了语言，学会了这个世界的基本规律。孩子其实天生就会学习，用一种符合他们自己状况的方式。但很遗憾的是，他们的学习方式往往不被信任，而被认为是"幼稚的""需要被取代和纠正的"，他们不再是为了自己而学习、用自己的方法学习，而是为了达到某种主流的"标准"、采用某种主流的"方法"而学习。我们希望培养自我负责的孩子，就需要帮助孩子提高对自己的认识，允许他们用自己的方法尝试，也与他们进行元认知层面的探讨。

这意味着我们需要多问孩子：

"刚才的过程中发生了什么？"

"你觉得今天的任务可能会遇到什么困难？"

"我留意到你做了 ×××，你是怎么做到的？"

"如果说你是一辆汽车，上面有压力表和动力表，你的压力表现在指着多少？动力表指着多少？"

"对于这个问题，有的人这么看，有的人那么看，你怎么看？"

"今天的作业中你最喜欢／不喜欢哪个环节？"

不直接告诉孩子结论，而是做孩子的镜子，让孩子借由我们更看清自己；不是教他们"家长认为对"的学习方法，而是陪伴他们找到"属于他们自己"的学习方法。一个积极可靠的驾驶员，需要的是方向盘在他自己的手里，他知道自己要向哪里去，而且也知道自己要怎么样驾驶效果才会最好，当孩子对自己的学习习惯有发现、有感知的时候，他对自己的自信心和掌控感也会随之而来。

在语言的学习中，我们不会期待只教了一次孩子就学会叫"妈妈"，却往往在孩子对其他能力还没有充分的练习时就要求良好的结果。想要培养孩子学习时所需要的时间管理能力、自我控制的能力、坚持性、元认知等，不可能只教一遍就起到一劳永逸的效果，这些都需要家长给予充足的耐心，意识到孩子需要更多练习的机会。在陪孩子做作业的时候，家长不能只盯着眼前某个知识有没有掌握，而忘记了作业只是一个练习的载体，而我们的终极目标是通过日复一日的作业来逐渐培养孩子在学习道路上所需要的各项能力。不要为了一道道题、一个个细小的知识点而鸡飞狗跳，破坏了孩子学习的主动性和良好的亲子关系，捡了芝麻丢了西瓜。

把方向盘还给孩子，和孩子一起"做实验"、帮助孩子认识自己，相信每一次遇到的困难，都是积累以上能力的好机会。我们不要仅仅追求短期的收获，而要看到孩子需要在整个过程中建立属于自己的胜任感，只有这些体验的积累，才能成为一个"积极可靠的驾驶员"。

元认知是什么？

美国儿童心理学家弗拉威尔提出了元认知（Meta-cognition）的概念，意思是"对于认知的认知"。这里的"元"有一种跳出原有的执行层面，站在更高一层俯瞰的感觉。具体来说，当你对自己的行为、认知和思考过程进行观察的时候，试图搞清楚我们的大脑是如何理解事物的，就是在进行"元认知"。

以学习方面为例，元认知就意味着：认识到需要学习什么，已经掌握了什么，要做出哪些改变，过程将会是怎么样，如何做才能达到更有效率，而不是仅仅闷头苦学、不看方向。它包括元认知知识和元认知控制两个部分：

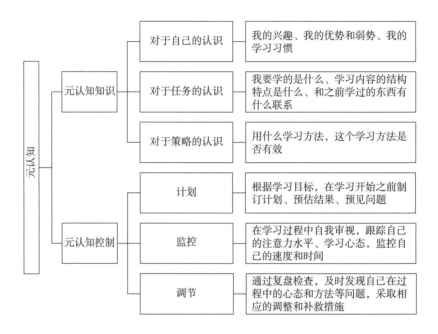

打个比方，元认知就像我们出行时候的导航系统，元认知知识就是地图，帮助我们看到要去什么地方、要采用什么方式前往、要采取什么路线；而元认知控制就是出行过程中的实时监控，帮助我们看到自己是否偏离了规划路线、时间把控如何、是否碰到了堵车、是否需要改变路线，以及结束之后对于此次出行路线的评估。

我们通常意义上所说的"会学习"和"不会学习"，其实指的就是元认知的水平高低。大量的心理学研究结果证实，元认知能力与学生的学习能力、学业成绩有着密切的联系。《有效学习》一书中介绍了研究人员马塞尔·威茵曼的研究结果——元认知对学习效果的影响占40%，而智商方面的影响只占25%。

● 从"要我学"到"我要学"

——通关打怪游戏，激发学习动力

人们行为的动力分为两种：外部动力和内部动力。"要我学"是外部动力，指的是用奖励或者惩罚等外部刺激推动孩子学习；而"我要学"是内部动力，是孩子发自内心的渴求与向往。

一位专做考前提分的老师曾对我说，他曾经有过很多在短期内帮助孩子提升上百分的经验。他的很大一部分努力都是在唤醒孩子的内部动力——之前这些孩子学习其实是出于"不得不"——他们不知道为什么要学习，只知道如果不学习，在家、在学校要受到惩罚，他们身边围绕着类似"如果考不上好中学，就考不上好大学，考不上好大学人生就会一塌糊涂"的言论。对他们而言，学习并不是为了追求内心的理想，而是为了不陷入外部带来的麻烦。

能几个月就提高上百分的孩子，一定不是智力因素，而是学习动力方面出现了问题。长期对于外部动力的依赖，阻碍了内部动力发挥作用。而这位老师会与孩子讨论想成为什么样的人，他是怎么看待自己的人生的，倾听孩子有什么人生目标，先激活孩子的内在动力和方向，再涉及近期目标以及如何一步步实现，之后再去分解学习目标、操练考试技巧。

如果没有前面激活内在动力的部分，孩子只会觉得：我学这些有什么意义呢？我学习只是为了让父母高兴。而作为家长，我们希望孩子努力奔跑不

是因为身后有压力像豺狼般追赶，而是因为前面有他想要去的地方。

同时，我也常常听到学龄孩子的父母感叹："要是孩子学习像玩儿一样自觉就好了！"是啊！试想一下，要是孩子学习真的像玩儿一样——不用喊就自觉发起，兴起时怎么叫都停不下来，不怕困难失败，跟"拦路虎"坚持死磕到底，整个过程沉醉其中，甚至达到"心流"的效果，还要呼朋引伴一起去做……我想这一定是大部分家长梦寐以求的状态。游戏中能获得的明确的快乐、掌控感和成就感，不断地促进着孩子的内部动力，让人欲罢不能。

不幸的是，正是因为担心孩子无法抵抗玩儿的魅力，所以家长们常常对孩子的游戏严防死守，却忘了向游戏学习，看看它是如何做到这一切的。那就让我们一起来看看，在激发内部动力方面，游戏做对了什么吧！

1. 目标刚刚好，进步看得见

适宜的挑战目标会带来乐趣。第 3 章中，我们提到过"心流"的状态——当你沉浸其中、忘我投入、高效专注的时候，就是进入了"心流"的状态。当孩子做一件事时，难度过高，孩子容易畏难退缩；但难度过低，又容易厌倦无聊；当难度适宜，孩子知道自己的技能足以应对挑战，又需要孩子付出"投入、尽力"的感觉时，孩子就更容易进入"心流"的感觉。

游戏设计师往往会通过调整游戏的难度以匹配玩家的技能水平，来创造一个让玩家专注并努力参与其中的"完美环境"，来让玩家尽快地进入并保持"心流状态"。而孩子的学习如果也能尽量多地处于这种状态，孩子就会更享受学习、热爱学习。

每个孩子心中都有好学向上的种子，但很多孩子在面对一个学习任务时，是不会分解目标以便和自己的技能水平进行匹配的，而学校老师往往也无暇顾及这些，所以，作为家长，我们需要帮助孩子对要完成的目标做出个性化的调整，让孩子感觉可控，提升孩子的自主感和胜任感。

接下来分享几种用游戏的方式调整目标，让完成任务变得高效又有趣的方式：

分解时间目标：

有位学员妈妈在孩子不愿意写生字作业的时候发明了一个游戏——生字速写排行榜。先罗列下来有哪些生字，像玩赛马游戏一样，和孩子一起预测哪个字可能是最快最好完成的，在书写的时候妈妈帮助孩子对每个字进行计时，孩子发现每个字的书写时间比自己想象的要少很多的时候，自然而然就减少了磨蹭，完成速度比平时提高了几倍，十多个生字只用了十几分钟就一鼓作气写完了。孩子甚至还在挑战完毕后，主动为写得最快的前三个字画了一个"领奖台"。

有很多孩子都不喜欢写生字作业，因为需要重复的次数很多，这让他们感到无聊且冗长，就总想要磨蹭。尤其是十多个生字，一看就感到压力满满。但"生字速写排行榜"的游戏，让孩子看到每个生字只需要花费 1 分钟左右，启动起来就容易多了，加上比赛的形式，孩子对胜负结果有了好奇，更容易自发投入其中。

分解数量目标：

我女儿刚刚上学的时候不喜欢跳绳，每次总是愁眉苦脸地被爸爸逼着跳，而且总是一个一个跳。大人看着着急，她自己也很累。爸爸要求她每天

跳1000个，她总是各种讨价还价、磨磨蹭蹭，而且经常无法完成任务。

有天我号称自己在网上看到一天跳1500个跳绳可以减脂，让她当教练，监督我每天跳1500个。她愉快地答应了。我笨拙地跳了起来，但总是绊脚，她哈哈大笑着要来教我，也跳了起来。我"愁眉苦脸"地说："1500个对我来说太痛苦了，我得把它分成15个'100怪兽'，一个一个来打败。"还邀请她和我一起打败第1个"100怪兽"，比比看谁更快，结果自然是她赢啦！

她很高兴，要求继续立刻打败第2个"100怪兽"，我假装气喘吁吁，要休息一会儿才能继续。于是她很快地开始跳起来，比我先打败了第2个"100怪兽"。我赶紧求她不要再跳了，等等我。结果可想而知，她反而更快地跳起来，一定要超过我。她越跳越起劲，进入了心流状态，而且她由一开始打败第1个"100个怪兽"时被绊了十几次，变成了到第4个"100怪兽"时已经可以只中断一两次。我跟她的差距也拉得越来越大。我假装要放弃了，她一边给我鼓劲，告诉我"坚持就是胜利"，一边更加流畅地跳了起来，后面有一次甚至连续跳了将近120个都没有失误。就这样，她先完成了1500个，还兴高采烈地给自己把目标加到2000个，还监督我不要偷懒。跳完了2000以后个，她自豪地告诉我"再也不害怕跳绳了"。

很多时候孩子不愿意去做某事，是感觉到自己在这件事情中体会不到自信和有能力的感觉，1500个对她来说实在是难以承受的"大目标"。这个时候我们成年人的装傻示弱特别有用，对于他们内心力量的建构大有帮助。而且这种相信"我能行"的内心力量是可以迁移的。虽然大人的"弱"是装出来的，而且游戏中的胜利也并不是真实世界的成功，但是那种"我能行""我可以"的感觉是真实存在过的，当孩子有了足够多积极的体验、自信心的积累，就更有力量在真实生活中面对困难，向前一步。

分解流程目标：

有位妈妈分享过这样一个故事，孩子不愿意背课文，她和孩子玩了一个角色扮演游戏：在游戏中，孩子当老师，玩偶当学生，孩子先在"办公室"备课，备完课后给"玩偶学生"读课文，讲授课文内容，有了这些游戏中对于内容的熟悉和铺垫，孩子自然而然就背过了课文。

这个游戏巧妙地把"背课文"这个大目标，拆解为熟悉内容、讲解内容，然后再背诵这三个步骤，用游戏把"老师的要求"转变为"孩子的愿望"，孩子少了抵触心，多了成就感，依托孩子们天然就有的好记性，背诵就是自然而然的事情了。

上面提到的写字、跳绳、背课文都是当天需要完成的"小任务"，随着孩子年龄增长，自然会有越来越多的"中任务""大任务"需要一一拆解完成，比如把学期目标拆解为月度目标、周目标、日目标，这些能力并不是一蹴而就的，孩子正是从一个个"小任务"的练习中，获得了面对困难的勇气和信心。

2. 犯错不可怕，改错也开心

很多父母在辅导孩子学习时，当孩子犯了错误，父母会揪住错误不放手。对孩子的错误严防死守，对于屡次做错的题、多次再犯的错误更是充满担忧。这是因为我们从小到大，当遇到"犯错"有关的情境时，往往不自主地就会冒出这样的想法：

"错误是不好的，我不该犯错。"

"如果已经讲了／学了／知道了，错误就更不应该出现了。"

"犯错意味着无能、态度不端正。"

"现在的错误意味着未来的失败，现在的小错误意味着将来的大错误。"

"犯错是丢脸的，别人会看不起我、指责我、批评我，有错不能让别人知道。"

"承认自己有错意味着承认自己很糟糕，要找到一个借口。"

"如果我知道自己会犯错，干脆就不要尝试。"

于是父母开始扮演警察、监工、老师，一再监督、约束着孩子，让他们记得"错误是不好的"，从而减少犯错，生怕他们忘记，反反复复地提醒。但若我们从小以"避免犯错"的方式养育孩子，总是急着改正错误或者掩饰错误，这些对于错误的顾虑会让他们减少勇敢尝试的动力，因为尝试新事物往往意味着犯错，意味着做不到完美。这些顾虑也阻碍了孩子改错和从错误中学习，成为影响孩子学习动力、主动性和胜任感的外部因素。只有持续得到父母信任和放手的孩子才能持续保持学习动力。

女儿刚上学时，有次我观察到，她写数学口算题时总会一边写，一边拿左手捂住刚写的内容。我起初以为是坐姿问题，想要纠正，但是观察了下，发现我不在附近时她就不捂了，于是问她："是不是你担心做错题被我看到？"她不好意思地承认了。其实我自问很少会因为孩子的学习和作业问题批评孩子，但她应该还是感受到了被"监督"时的无形压力。

她当时最爱看的动画片《迷你特工队》里面有一个反派角色"坏蛋博士"，它喜欢把地球上的挑战变成各种各样的怪物，而孩子对于特工队成员的超级力量充满了渴望。于是，我假扮"坏蛋博士"，用数学口算题侵入地球，而她扮演的迷你特工队成员则要在规定时间内"攻克"这些口算题，拯救地球上的小朋友。

这个游戏有趣之处在于——站在"坏蛋博士"的立场，我是希望她犯错的，如果她检查时在口算题里发现了错误，我会非常高兴地说："果然被我的题难住了，看我'坏蛋博士'的厉害……哈哈哈……"她会说："我们迷你特工队是绝不会放弃的！看我发出追踪导弹，打败这些错题！"接着完成改错。

这样的方式，把做错题有可能会带来的焦虑和压力转化为兴奋和欢乐的情绪，家长没有因为错误而给孩子施加压力，犯错不再无能、羞耻，于是"纠错"便成了有趣的体验。犯错只需及时补救、重来一次就好，孩子就不会对错误遮遮掩掩了。

然而，在游戏中玩家不知所措或者出错的时候，从来不会被批评指责。在一个可玩性高的游戏中，犯错总是被允许的，允许人们从错误中学习。所以人们即使在游戏中犯了错，还是会有动力继续面对挑战。

而面对游戏中的错误，人们总是会被温和地提醒：有时是一个提示声音，有时是一个箭头指明正确的答案，有时会有一个有趣的动画效果。但无一例外的是，在游戏中，犯了错并不会被批评、指责甚至羞辱，有时候试错甚至是游戏的一部分。玩家在游戏中能够以放松的心态面对错误和失败，错误就不会成为前进路上的绊脚石。

向游戏学习，温和地提醒孩子的错误也可以有很多种有趣的方式——可以在孩子犯错时发出"嘀嘀"的提示音；可以用机器人般的声音提醒孩子"无法识别，请重新输入指令"；可以假扮"旁逸斜出"的字抗议："格子太小啦，我的胳膊都伸出去啦！"；可以假装时光可以倒流，或者错误可以被魔法棒修改，给孩子一个重新来过的机会……

孩子在学习中开心愉快时，学习效果是最好的。错误、错题往往是孩子学习最薄弱的环节，营造一个开心愉快的氛围，不光能让孩子愿意改错，而且能使其记忆牢固，事半功倍。

只有孩子在犯错时认识到"错误不可怕"，"错误是一个学习的好机会"，"错误是来提醒改正的"，我们要的是进步，而不是完美。他们才有可能真正学会面对错误、及时改进、轻装前行。

3. 时时有反馈，花样给好评

一辆车一定是加满油才会行驶得更为持久，孩子学习也一样，需要我们时不时地给孩子好的感觉，为他加油。而有很多家长在孩子学习方面却做着相反的事情——给孩子漏油——催促、唠叨、说教，甚至威胁，学习一定要"认真严肃"，甚至是一副苦大仇深的样子，还没开始，氛围就已经开始紧张起来，让孩子感觉一点都不好。油漏完了，车就只能推着走了。

游戏在这一点上就深深值得我们学习：它会给玩家加油——变着花样给玩家积极的反馈，勋章、成就称号接踵而来，持续地让玩家有好的感觉。如果作为家长，我们也可以在学习时常常成为孩子的"加油站"，为孩子赋能，让孩子"心花怒放""笑口常开"，还怕孩子不愿意学习吗？

我儿子刚上一年级的时候，在写字方面遇到了一些困难。因为控笔方面没有练习过，他写的字总是歪歪扭扭弯弯曲曲，做不到横平竖直。他对自己写的字和同学写的字有差距这一点非常不满意，时时很沮丧，逃避书写作业。

所以首当其冲的是要建立他写字的兴趣和信心。有次他写了一个"火"字，弯弯曲曲的，又开始哼唧说太差了，很沮丧，作业一推就要离开桌子。我快速地想了想说："哎！想不到你还会写古代的文字呢！你是怎么做到的！"他以为我在瞎编，半信半疑，又坐了下来。于是我搜出了"火"字的字形演变。他一看弯弯曲曲的"火"字真的跟小篆好像啊，也很惊喜。

我说："虽然你写的不是书上的这种字体，但是你在古代绝对是一个书法家！"他恢复了些信心，笑嘻嘻地说："我是穿越过来的！"于是又鼓起勇气继续写，写到"手"字，他又觉得自己写得不好，但是他这次没有放弃，开始问我："妈妈，你看这个像不像古代文字？"我就又带他看了一遍"手"的字形演变，他对字的印象也更深了。

在这些鼓励中，他慢慢放松下来，兴致就高了起来，写了几个字还自我欣赏了起来，让我给他打分，满分 100 分，我给他打了 120 分，他出乎意料，状态更加饱满。本来我们商量一天只写 4 页练习册的，他写着写着进入了心流状态，一股脑儿写了 14 页，怎么劝都不愿意停下来，而且写得也确实越来越好了。

从孩子一开始要放弃，到后面一鼓作气写了 14 页，我一直在给他加油，从油箱空空加到能量满满。如果每次写作业都这么开心愉悦，哪个孩子还会讨厌学习呢？

一年级结束时，儿子回家带了一个"进步之星"的奖状，但是他看上去一点都不高兴，他说："这个奖是所有人里面最'弱'的，三好学生、优秀少先队员都更牛。"虽然得了奖，但特别沮丧。

我问他："是不是你觉得虽然得奖，但好像它并不是一种鼓励，反而这个奖好像给你盖了个章，说你是最弱的一样？"他点头。我拿出来他刚上一年级的生字本，给他翻他刚上学时写的字、弄错的拼音，给他看当时他写不好字哭哭闹闹，安抚一个小时才写几行字时我录的小视频。他看了以后哈哈大笑。我告诉他："我看到这个奖状，脑海里浮现的就是你这一年付出的这么多的努力，你看你现在，仅仅一年过去了，你不仅会了……还会了……，而且做作业都不要人催，会主动安排自己的时间。这个奖状是你付出这么多努力的见证！"他笑了，我赶紧锦上添花："你看你现在的眼睛像星星一样亮，你就是我的进步之星呀！"他高兴得嘴都合不上，接着一晚上又是浇花，又是削水果，又是擦桌子，主动承包了所有家务。

到了晚上，他把那张奖状贴在自己床头的墙上，指着奖状旁边的空墙面说："妈妈，我以后还要得更多的奖状，我要从这儿一路贴上去！"看得出来，此时这个奖状对他来说已经是真正的自我肯定了。

如果对于你来说，鼓励孩子并不是一件很容易的事情，可以参考以下句式：

描述式：
"我注意到你做数学题，把关键词圈了出来，你是在认真审题。"
"我看到今天你写作业前，先把学习用品都准备好了才开始，很有条理。"
启发式：
"今天外面很吵也没有打扰到你专注学习，你是怎么做到的？"
"今天你弹琴弹得很流畅，请问你有什么秘诀／绝招？"

感谢式：

"谢谢你今天在妈妈工作的时候自己读书，让妈妈可以安心工作。"

"谢谢你告诉我这些，这让我了解到……"

授权式：

"我相信你有自己的判断。"

"我相信你的努力一定会有相应的回报。"

孩子需要鼓励，就像植物需要水。我们给孩子鼓励，就像给植物浇水，给汽车加油。孩子在不断成长的道路上拥有美好的感觉，才更容易坚持，更容易完成目标。

对于游戏，我们可以抱着见贤思齐的态度，师夷长技——设立合适的目标，愉快地面对错误，及时加满油——让孩子在学习中犹如游戏般不断获得高峰体验，帮助孩子跟知识之间建立美好的联结。有了这种联结，有丰沛的美好情感打底，孩子就会很自然地去坚持。这种状态将促进孩子自主地参与到自己的学习和成长中，变"要我学"为"我要学"，带着自主感和胜任感迈向日后的人生。

● 从"慢吞吞"到"轻轻松"

——激活大脑通路，提高学习效率

很多陪孩子学习的家长会发现，孩子什么时候最容易"慢吞吞"？通常是最开始启动的时候：10 分钟的作业，常常动员起来就得半个小时；但其

实一旦进入了状态，孩子自己也会觉得并没有那么难。

其实，孩子不管是在学习一门新学科、新技术的启蒙期，还是放学回家后从放松到写作业的启动期，还是完成一项任务、启动新一项任务的过渡期，都是相对困难的阶段。一旦度过这些容易卡住的阶段，进入状态，孩子做事情的效率就会提高很多。就像一辆车，发动的时候总是耗油量是最高的，因为需要克服更多的阻力和惯性，正常跑起来的时候反而油耗较少。

这是因为，在我们的脑部有几千亿个神经元，也就是我们日常说的脑细胞，学习的过程是电脉冲在神经元中传导的过程，每两个神经元之间的接触处都有一个小缝隙，要学习新东西、进入新任务，电脉冲就要跨过这些缝隙，把神经元联结起来。我们学习一个知识，就有对应的一些神经元被激活，活跃起来开始工作，像灯泡一样被依次点亮，最后联结成为一张大网。

这个过程是很困难的。一个电脉冲信号从一个神经元细胞到另外一个神经元细胞是很费力的。如同我们越过两座高山之间的深谷，人们要想跨过山谷，就需要有人从一边扔绳子过去，人才能拽着绳子慢慢爬过去。第一次跨越成功后，后面就会越来越容易，随着爬过去的次数越来越多，两座山之间慢慢搭起了一座桥，这时再要跨越山谷就非常容易了。

学习一种新技能就是电脉冲在这些"神经元山谷"之中"开路"的过程。神经脉冲跨越的次数越多，两个神经元之间的联系就越稳固，搭好了桥、铺平了路，后面从这头走到那一头也会越来越轻松。这也是"万事开头难""习惯成自然"的生理基础。

这个阶段需要的是重复、刻意练习。所以我们常常会发现孩子们从幼儿阶段就会通过不厌其烦地重复同一种动作、同一种行为来加深对外界事物的感觉、知觉和认知，巩固学习和记忆效果。年龄越小的孩子，接受能力和理解能力都有限，所以越需要通过重复的方式来学习新东西——他们会反复让家长读同一本书、讲同一个故事、重复玩一个已经玩了很多次的游戏。重复能够帮助孩子建立大脑中的神经元连接，强化大脑对所接触事物的记忆。反复地做和听同样的内容能帮助他们记住相关信息，而且重复次数越多，记忆时间也会越长。

但这种重复可不是简单机械的重复，重复的过程中其实贯穿着孩子的感受和体会，多维度的学习方式，才能更好地解锁大脑的潜能。脑科学研究告诉我们：大脑中的通路是有分工的，有的负责书面语言和口头表达，有的负责精细动作和肢体大运动，有的负责视觉和听觉等感官，有的负责记忆、各种情感，以及社会交往等。当有多条脑通路同时被激活时，学习效果也最好。这就如同在"神经元山谷"之中开了多条通路，乃至高速公路。游戏和运动就能激活大脑里很多不同的通路，对学习非常有帮助。

女儿刚开始背诗时很困难，因为很多字都不认识，意思也不理解，就算讲解了一遍，还是一知半解、死记硬背，大大影响了背诗的兴头。

于是我们一起发明了"表演背诗法"：一句诗里面的关键词用一个动作表示，最后连贯在一起表演出来。比如"故人具鸡黍"，假装摆放饭菜；"邀我至田家"，做邀请的动作；"绿树村边合"，比画合住的动作；"青山郭外斜"做歪斜状……过程中，我们会一起商量用什么动作来表演比较恰当，颇有"推敲"之风。

排练好动作，意思就理解得差不多了。我们一边有节奏地背着诗，一边有节奏地做着动作，像女团跳舞一样，孩子觉得有趣，哈哈大笑了起来，演了两三次就顺利地背过了整首诗。

配合着各种不同的诗，我们还发明了"唱歌背诗法""rap 背诗法""方言背诗法"。因为她喜欢画画，对于和风景有关的诗，我们还会进行"诗配画 PK 大赛"：对于同一首诗，我们背对背作画，比较谁画得更好，在两幅画作的对比中就可以看到孩子对某个诗句的理解是否有偏颇。

用这些方法背诗，把视觉、听觉、动作玩了个遍，孩子再也不怕背诵了，而且对文言文的释义、对古人的行文方式都更有更为深刻的理解，甚至主动挑战背过了《长恨歌》，背诵小古文更是不在话下。

如果我们一味要求孩子必须乖乖坐好，不能乱动，也不能想别的，或者要求他坐在书桌前一遍一遍做着相同的事情，这时，大脑中可能只有一条小小的通路在"通行"，其他的通路全部都"下线"了，这并不是学习的理想状态。相反，一个孩子到处跑、玩假装游戏，就在激活整个大脑——语言、情感、运动、社交、数字和记忆。如果我们能在孩子学习中允许孩子用多种方式、多场景学习，调动整个身体进行思考和记忆，他们大脑的每个部分都是活跃的，会起到事半功倍的效果。

孩子的英文学习也是如此，英文启蒙里面一种很有效的方式"全身反应教学法（TPR）"就是采用"名词指着教，动词做动作示意"，尽量充分调动孩子的多种感官，让孩子去增强体验，激活大脑通路，让孩子自然地学习，而不是逼迫孩子做单一的念诵。

对于数学的学习也有跟体感相关的研究。研究发现，当小学生做复杂的减法计算时，他们大脑的手指体感区会被激活，即使他们并没有真正动用手指计算。计算越复杂，数字越大，步骤越多，大脑的手指感应区就越活跃。神经学家甚至指出，应该让儿童练习用手指计算，借此开发大脑的手指体感区。

还有研究发现，人们在运动后学习单词的速度比运动前提高了 20%，进行思维活动时头脑更加灵活，更有创造性。这也符合进化的逻辑，因为在远古时代，我们的祖先为了生存，需要通过运动技能和智慧来获得食物、躲避天敌。如今，久坐的现代生活方式让我们很容易忘记"生命在于运动"，但我们的大脑其实从未忘记"智慧也在于运动"。

因此，当孩子学习的时候陷入"慢吞吞"的状态，不妨做一些小小的改变：站起来活动活动，来一场打闹游戏，甚至是做做手指操，可能都会激活不同脑区，让它们之间的连通更活跃，孩子的思维也会灵活，解决问题的能力变强。用这些有趣的方法在"神经元山谷"中开路，"拓荒"也变得充满欢乐。

另一个让大脑有效率的方式是犯错。意想不到吧！

当我们被"错误是不好的"这个观念束缚的时候，大多数人面对犯错会有负面感受。但是，科学研究却告诉我们：犯错是大脑生长的最佳时机。

神经学家们做了一项研究，让参与者做题，同时用核磁共振成像技术监控参与者的大脑活动，然后观察参与者答对和答错题时大脑扫描的结果。他们发现，大脑在答错题时比答对时更为活跃，表明神经通路得到了增强和生长。正如斯坦福大学心理学教授卡罗尔·德韦克所说："学生每一次犯错，他们的大脑就会长出一个新突触。"

用人体免疫打个比方，当发生感染时，身体会产生抗体，之后遇到同样病原体时便起到了保护作用。犯错也是如此，出现错误，大脑会被激活，反而有了一个记忆深刻的机会，以后遇到类似的情况才能更好地应对。

有研究表明，当我们尝试做一些事情，但没有达到预期目标时，身体会给大脑发信号："我犯错了。"神经系统会释放肾上腺素、乙酰胆碱、多巴胺等一系列化学物质，激活神经元的可塑性。也就是说，犯错是我们进入学习状态的重要契机。

那么，如何利用这个神经重塑的重要红利期呢？

有一个小秘诀就是让身体有一些"新奇的重力体验"，任何挑战人平衡能力的运动都可以尝试：如倒立、瑜伽体式、滑板，甚至小朋友喜欢走的随时会掉下去的马路牙子，都会快速激发让人更加警觉和专注的化学物质，之后再进入学习状态就会开启事半功倍的效果。

除了平衡类运动，还有那些技巧性高、容易出错、得反复练习才能掌握的运动，也是激发大脑活力的一把好手，比如我们小时候玩的扔羊拐骨、丢沙包、扔杂耍球、跳皮筋、踢毽子，等等，富含大量试错纠错的元素，轻松帮助大脑分泌利于学习的激素。所以我们不要着急让孩子写作业，放学回家先允许孩子玩一波，趁着运动和游戏过后的大脑红利期再做作业，学习效果更好。

最后，就是打造一个对错误包容的环境。对孩子来说，家长和老师是他们生活中的权威，我们对他们过多的评判和对于正确率的要求，可能会让他们对犯错非常抵触，甚至觉得羞愧、紧张。而要创造一个对错误包容的环境，我们可以成为破冰者，"以身作则"犯个小错。

我儿子学习拼音的时候，因为不熟练，看见一大篇作业纸上全是要求看字写拼音，有些畏难，遇到错误尤其容易急躁。于是我说："这有什么难的，你看我都会，不信你来考我。"他拿起拼音表来考我，我顺势胡说八道一通：遇到 x 我就说是乘，b 我就说是 6，ui 说是 iu……他笑弯了腰，乐不可支地来纠正我，我假装大惊失色，借机"请教"他作业中的题，他一边讲解着，一边愉快地把作业写完了。

在陪伴孩子学习时，我们大可不必一直一本正经，可以故意写错念错一些易错字，或者是给一个特别明显的错误答案，"邀请"孩子来指正自己的错误，甚至可以跟孩子分享一些自己的糗事。让他们知道，即便是家长，也不是十全十美的，每个人都有可能犯错。而且，犯错之后都有改正的机会。

激发多条大脑通路，让孩子学习的时候动起来；允许孩子犯错，甚至创造一些犯错的机会。这些貌似有悖常识的说法，却是激活孩子大脑通路、进入高效学习状态的法宝。其实如果我们仔细观察，会发现孩子在生活和学习中其实不乏这样的尝试和自我调节，我们要做的，是放下我们以为的"正确观念"和"好习惯"，更多地理解、看见和相信孩子本来就拥有的智慧。

● 从"苦哈哈"到"乐融融"
——巧用角色扮演，降低学习阻力

常常有家长找我咨询，孩子在学习的时候遇到困难，抓耳挠腮，打退堂鼓，耍小脾气，觉得学习很辛苦，不愿继续。家长们看到孩子这副样子，也很焦虑，担心孩子无法坚持，但又不知道怎么帮助才好——说得多了，怕孩子压力太大引起反感，而且孩子也不听；说得少了，又怕孩子持续落后，也怕自己没尽到责任——进退两难。

孩子的辛苦，是情绪之苦，苦于遇到困难时，是很想做好但无法做到、千头万绪一筹莫展时的沮丧与焦虑。家长其实也很辛苦，苦在我们都那么爱孩子，看不得孩子苦，希望他们一直顺顺利利的，所以每当事情并不顺遂时，因为找不准位置，无法帮助孩子摆脱这份苦而焦虑，因为焦虑而责怪孩子，又因为责怪孩子而谴责自己。

孩子学习就像爬山，路是孩子的路，得要靠他们一步步攀爬，我们没有办法代替他们走完那些路，更没有办法背着他们或者拽着他们走到山顶，我们需要的是在陪在孩子身边支持他们，增加爬山的过程中的乐趣，因为有欢声笑语而减少攀登之苦，乐于攀登。

我相信绝大多数家长都期待能成为孩子面对挑战时的支持力量，可到底怎样做才是孩子的"最佳助攻"呢？我想用三个角色来比喻"陪在孩子身边"的家长——缓冲器、登山梯和观察镜。

1. 缓冲器

孩子学习时遇到困难，首先受到影响的就是情绪状态。孩子会产生沮丧、着急、无奈、焦虑等情绪。然而，很多家长会急着冲上去给孩子当老师、给建议、告诉孩子如何去做，但这样往往给了孩子更大的压力——"已经情绪过载了但还被要求着快点前进"的压力。

第 4 章中我们也提到过，只有在掌管情绪的下层大脑和掌管理智的上层大脑能够整合运转的时候，孩子才有理智思考的能力。而人的大脑本就需要在 20 多岁才能发育完全。当情绪来临，孩子理智脑掉线时，父母的责任不是逼着孩子学习，一遍遍告诉他们要克服困难，而是相信孩子已经尽力，此时只是力有不逮，充当孩子外挂的理智脑，扮演孩子情绪的缓冲器（至少不给他们增加额外的情绪负担），帮助孩子的情绪平复下来。

一位学员妈妈分享了一个她帮助上小学的女儿解决困境的案例：有一天已经比较晚了，8 岁的孩子告诉妈妈，她这周的书法作业忘记写了，她很担心妈妈批评她。妈妈做得很好，她首先关心了一下孩子的感受，问孩子"是不是有点担心、沮丧"，然后抱了抱孩子安慰了一下。接着，她问孩子打算怎么解决。孩子说作业太多了，写不完，写太快的话不能保证质量，全部认真完成又太累了。这个妈妈给了孩子两个建议：第一个选项是写一半，高质量，但明天可能要接受老师的批评。第二个选项是全部完成，但是晚上要少睡一会。孩子选择了第二个——少睡一会儿全完成。

写了一会儿，孩子哭了起来，觉得作业太多了，肯定没法完成。妈妈又抱了抱孩子，孩子确实有情绪，但同时也需要完成任务，何不一边释放情绪，一边完成任务？她们商量：每写两行字可以哭 30 秒。很快，到了孩子

第一次哭泣时间，她没有哭，开始哈哈笑。于是她们把哭泣时间改成了大笑时间，这样做了几次，孩子很快完成了一半作业。后半程，孩子开始疲惫了，她们又把大笑时间改成了水果时间、按摩时间，于是，一个本来不可能的任务就这样完成了！

当孩子情绪过载的时候，就像一块大石头卡在路中间，即使汽车知道方向，也没办法冲过去。这位妈妈选择了站在孩子身边，理解孩子的感受，用游戏的方式去帮助孩子缓冲情绪、释放压力，搬走了大石头，汽车才能顺利前行。

再比如，孩子做作业遇到了一道数学难题，思考了半天非常烦躁，要放弃。我们可以做个情绪缓冲器，抱抱孩子，安慰一下："遇到拦路虎了？来，休息会儿，玩个游戏。""我现在是一道超级难的数学题，我才不相信你能抓住我呢！"在追与逃的游戏中，孩子哈哈大笑，释放了压力，大脑得到了恢复，就又可以回到学习中去了。

儿子刚上一年级的时候，因为遇上了疫情，大半个学期基本上都是在网课中度过的，他上学前拼音零基础，而上网课的效果很有限，有时候听不清楚老师到底在说什么，保持专注变得格外困难。

每每面对半张纸全是拼音，要录视频交作业的时候，他觉得自己读不好，很容易着急发脾气，甚至想要放弃或者跑掉。我要是说"没关系，慢慢来，我帮你"，他总是摇头说"我不会，我不行"，拒绝练习。我知道，他压力过载的时候，需要的是情绪的疏导。需要退一步回到到安全的位置，才能蓄积能量继续前进。

我陪着他安静下来，我说："一次要读这么多拼音，你觉得太难了。"

他点点头说："嗯。"我说："每个拼音都长得不一样，而且有的这么像，要一次读对就更有压力了。"他说："嗯。"平静了许多，按照我之前教他的方法，自己深呼吸了好几次。

接着，他提出一次只录一个拼音，不要连续一次录完，我答应了，于是我们就这样录了几天。过了两三天，他读单个拼音的流畅度大大提高了，于是主动提出一次录七八个拼音。虽然每次要录之前，他总是要深呼吸几次，但是暂停之后，他还是会回来录完。又过了几天，终于可以一次把所有的拼音录制成功了。

后来他告诉我，因为刚上学，他很希望给老师留下一个好印象。我才明白了，原来他读拼音的时候的压力来源于两个部分：一个部分来源于陌生的知识，另外一个更大的部分来源于印象管理的需求。所以当我说"我来帮你"的时候，其实还是不太符合他内心对自己的期待，此时他需要的不是指导，而是对他情绪的理解。退缩并不是孩子想要躺平和自我放弃，而是需要更多的情绪支持来度过那些"能力还配不上野心"的时候。

当然，拼音这件事，很多家长会选择通过提前学习来让孩子取得相对优势，不会遇到这样的挑战。但学习和生活中总有那么一些方方面面，我们没有办法提前准备，孩子就是会面对挫折、沮丧和失败，然后爬起再来。我们不可能把孩子的前路完全铺平，但这些时候我们随时能为孩子准备的，就是一双可以倾听的耳朵和对于情绪的接纳和理解。我们所期待的适应力、抗逆力、复原力，其实并不是遇到任何情况都能处变不惊，而是遇到不如意，依然能够从情绪中恢复、穿越情绪的复原力。而我们就是在一次次陪伴他们度过这些挫败、穿越这些情绪的过程中，帮助他们培养宝贵的抗挫力和复原力。

2. 登山梯

还有的时候，孩子遇到困难，但是没有信心克服，家长看到孩子沮丧提不起兴致，常常会涌起"恨铁不成钢"的心情，恨不得直接拿根绳子把孩子拽到山顶。但学习总归是孩子的事，我们如果使出九分力，孩子能够发挥的空间就只剩下了一成，时间越久，孩子越没有信心和动力自己完成，甚至可能会反抗我们干涉太多，没有给他们足够的空间。这时候，我们需要的是成为孩子的登山梯，在下方支持和托举着孩子一步步自己从山下走上去，而不是充当发力的主角，把孩子拽上去。

有一次，儿子打算完成数学作业，一看有好大一张纸的计算题，打了退堂鼓，声称自己不会做。我先是劝他：你怎么不会？你上次都如何如何……可是我越努力劝服，他越说自己不行，打消我对他的期望。

我劝服无效，有点烦躁，突然意识到自己在用力地拽他"上山"，没有给他足够的掌控感。于是后退了一步，问他："你是不是还没有准备好做数学作业？那我可不可以先去洗碗，等你准备好了，需要我帮助的时候叫我。"他忙不迭地答应了。

于是我看到他一会儿摆弄小玩具，一会儿又坐在桌前，一会儿出出进进跑来看我。我知道，孩子的自控力发展需要足够的空间。我猜，他的内心也在进行激烈的挣扎：畏难和上进两个小人儿一直在他的心里打架。于是，在他又张望着看我的时候，我又问了他一次："你需要我帮你什么吗？"

这一次，他邀请我坐在他身边，提议他来说，我来写，我答应了做他的"书童"。他的困难在于书写方面，于是我开始写得特别丑，他忍不住来纠正我，我顺势请教他正确的写法，他索性当起了老师，调侃了一番我的字后，"开除"了我这个"书童"，自己把题写完了。

还有一段时间，我发现他写字时不喜欢按照笔顺写，多次提醒之后他还是不以为意，只想快点写完，并不想浪费时间去观察正确的笔顺是什么。我猜，这时候需要我陪着他慢下来，度过这个"不耐烦"的阶段。于是我陪他一起写，我故意把所有的笔顺都反着写，当然被他笑话了一番，于是我开始装傻："为什么非要规定我按照笔顺写嘛，我这样反着写，多好！"他忍着笑跟我解释了一番笔顺的作用，用的还是我之前的"台词"。然后我恍然大悟道："哦！原来笔顺还有这样的作用。快让我试试！"这时再请教他某个字的笔顺，他反而偷偷去查书，然后"趾高气昂"地教起我来，也更愿意运用正确的笔顺去写字了。

学习是孩子的事，我们做的是支持，不仅仅是认知层面的支持，更是让他可以拾级而上的心态支持。我们在第3章也提到过，装傻是一种很好的赋能方式。我们放下高高在上的身段，成为孩子攀爬时的登山梯，可以逐渐辅助他形成克服困难的意志力和自控力。

这归根结底是一个阶段性的任务，这个时间可能是几个小时，也可能是好几天，甚至可能是好多年。比如，当我们观察到孩子经过挣扎能主动去写作业，对他的自控力就可以多一分信任。下次遇到类似情况，可以优先选择观察、等待，巩固几次之后，孩子的自控力会进一步增强，在孩子写作业这件事情上，就可以逐渐放手了。随着他的自控力在扎根、成长，我们就能逐渐撤退，把成就的快感留给他。

3. 观察镜

有时，我们会因为不理解孩子的行为又想纠正他们的行为而与孩子发生权力之争。这时，我们反而成了横亘在孩子和学习之间最大的阻力来源。其实鲜少有人知道，我们可以退后一步，客观地"观察"也是一种"纠正"的方式——纠正自己对孩子不客观的期待，纠正我们对孩子行为固有的评判，也纠正了孩子因为要和我们权力之争而跑偏的行为。

疫情期间，我为上网课的事情跟儿子发过一次火，原因是不管我怎么努力，他就是没办法做到像姐姐一样，做到40分钟都坐在屏幕前"认真听讲"。冷静下来之后，我开始思考：作为家长，我和网课、孩子之间的关系是什么样的。孩子无法全程集中注意力，这是他遇到的困难，他需要的是我和他站在一起，面对困难；而我如果为了网课而"镇压"他坐好、乖乖听讲，就是和困难站在一起对抗孩子，效果肯定好不了。

于是我变身为孩子行为的"观察镜"，闭上嘴，抱着好奇的心态看看孩子在上网课时到底是什么情况。我发现他上网课注意力时长基本上是15分钟，过了15分钟专注度就急剧下降，坐姿开始歪歪扭扭，一会儿动动这个，一会儿动动那个，甚至离开桌前跑来跑去。如果不干涉的话，他可能跑开5~10分钟，注意力又能被拉回来。我意识到，这其实是他注意力疲劳之后自我调节的一种方式。即使有时候他休息的时候略长了点，我只需要稍稍出面用点有趣的方式，就可以把他拉回来。比如模仿机器人的声音提醒主人回来听课，或者摸摸他的头，再指指屏幕。但我不再期望他能时刻集中注意力，这个愿望并不符合客观现实，也忽视了孩子为了管理自己的注意力而做的努力。

网课期间，我还观察到两个孩子注意力特质的不同：姐姐的注意力就像激光一样，聚焦而专注，学完基本上就记住，而且也很少出错。但与此同时，在她的激光照射范围之外的东西就没留意到。而弟弟的注意力则像一张网一样，四面八方都在接收信号，要是他在家里写作业，同时有别人在聊天，他也能一边聊着天一边学习，与此同时，他获得的知识范围和来源则会更广。如果我硬要把他们硬拗成对方的样子，他们和我都会很辛苦。那么，对于姐姐来说，她需要的支持是为她甄选优质的学习资源和素材；而对于弟弟来说，他需要的支持则是更好的学习氛围和陪伴环境。

作为一名学生时代稳居"学霸"位置的家长，我曾经试图把自己小时候的一些学习方法分享给孩子，但他们并不接受，他们更愿意先去尝试自己的方法，而不是延续别人的人生。我本自以为是有一些可取之处的，但我发现两个孩子的特质和学习方式确实都和我不同。我越来越意识到，学校的学习只是所有学习中的一小部分，学校规定的"端正坐好、认真听讲"则是所有学习方法中的一小部分，而自己曾经成功过的学习方式也并不是放之四海而皆准。

当我放下作为家长，放下一个曾经的"学霸"想要去"教"他们如何学习的心态时，才能看见一个真实的孩子。更重要的是，这让我相信孩子是在用自己的方式学习，他们不一定时时刻刻以家长或学校规定的方式学习。成为"观察镜"而不是"纠错员"，能更好地理解孩子，好奇而不是评判，保护孩子的学习兴趣，也会消解我们自己因为对未知的担心而产生的焦虑。而家长搞清楚自己为什么要焦虑，放下自己的执念，允许他们为自己的事情负责，孩子才能放松下来，那学习就真的就是他们自己的事了。

孩子学习之苦，是情绪之苦，是无人分担无人理解时一筹莫展时的绝望、无奈、焦虑与担心。家长陪学之苦，是定位之苦，找不到合适的姿态发力，事倍而功半，还破坏了亲子关系或孩子学习的主动性。其实，孩子每一次面对的苦都是学习克服困难的好机会，我们可以把孩子遇到的所有挑战、暂时的落后都看成是发展能力的机会。

　　未来能不能拥有幸福生活的能力，是由关系的质量决定的，而不是学习成绩决定的，所以千万不要为不可知的未来透支了现在珍贵的亲子关系。用游戏式陪伴让孩子的学习不再是孤独的努力和挣扎，而是一种享受，孩子一定会喜欢这种不断进步、对自己越来越有信心的感觉。

　　有了家长的从旁支持，游戏带来的其乐融融会成为最好的养料，浇灌着亲子关系的土壤，孩子会从内心长出克服困难的勇气和信心之花。当然，也希望家长们都能少受陪学之苦，更加享受到用游戏四两拨千斤的美妙。当你面对孩子，满心喜爱；孩子面对学习，从容自在。

第7章

玩出全家好氛围

所谓亲密关系，就是一种相互滋养的关系，
你有你的价值，他有他的价值。

——阿尔弗雷德·阿德勒

● 家人原则不一致？

——让差异成为孩子认识世界的一扇窗

你也许看到过很多"家庭教养原则不一致带来的后果"之类的信息，说的无外乎是，当养育中不同成员有不同的养育理念、不同的原则时，孩子就会感到非常困惑，无法形成好的行为和习惯。看到这些，是否会让你在家人教养原则不一致时有那么一些些紧张和担心？甚至会在学了一些育儿理念之后因为不想让孩子受到家人影响而拒绝家人的帮助？

如果你也曾为这样的影响而担心，看了接下来的部分，可能会让你松一口气。

1. 家庭教养原则必须一致吗？

一方面，当我们抱有上面的观点，背后或许隐藏的是这样的前提假设："当我们抱有一致的原则，孩子也会认同我们的原则并遵守。通过成人对于原则的统一，我们可以影响孩子的想法和行为习惯。"在这样的前提假设下，孩子自我意识的发展被忽略了。

其实，孩子是有主观能动性的，他们的自我调节能力是非常强的，随着孩子的学习成长，他们会慢慢形成自己的价值观，他们对是非有自己的判断，他们也许并不认同所谓"统一"带来的"爸爸妈妈一言堂"的结果。

那些在原则不一致时，谁说的话对他"最有利"他就听谁的瞬间，并不是无脑的"钻空子"，而是自己内心选择的结果——也许是因为说出那些话、满足他要求的人说出了他在那个当下的心声，支持了他一直想要的自主权。可以说，孩子选择的不是"好处"，而是"联结"。如果我们能"有联结的支持"孩子，孩子是不会选择"没有联结的收买"的。

比如，妈妈认为孩子一定要吃健康的食品，但爸爸带孩子吃一些小零食，孩子选择的也许并不是零食本身，而是"放松和自主选择带来的快乐"。如果我们能理解孩子的感受，认可孩子偶尔想要放松、自主选择的愿望，会收获更深刻的对孩子的影响。

我在家长课上带父母们做过一个活动——回忆童年最快乐的瞬间，有好几个家长回忆的，是爸爸妈妈不同意买某些小东西小零食，但爷爷奶奶满足了他们愿望的那种被宠爱的感觉。有一位爸爸的描述是："那个时候，觉得整个世界都是彩色的。"这个描述让在场的伙伴都很动容。不难想象，如果爷爷奶奶和爸爸妈妈一样严格，也许孩子童年便少了一抹被这样宠爱的颜色。

另一方面，也许你很难相信，家庭成员意见不一致是有好处的。心理学把一个家庭成员之间能否自由、频繁地讨论各式各样的话题的倾向叫作"谈话取向"（Conversational Orientation）；追求彼此态度、价值观保持一致的意愿叫作"遵从取向"（Conformity Orientation）。

谈话取向高的家庭喜欢沟通，他们的交流自由、频繁，开放程度高，他们把沟通视为一种表达喜欢和愉悦的方式，并借此获得放松。
谈话取向低的家庭互动少，分享私人想法的次数更少，互动的开放程度不高，甚至有很多禁忌的话题。

遵从取向高的家庭更为追求一致性，他们看重和谐，尽量避免冲突，成员之间往往权力等级更加分明。

遵从取向低的家庭更能接受彼此之间的不一致，他们在沟通时更注重个性、独立和平等，相信个人的成长应该得到鼓励，并且认为个体的利益大于集体的利益。

遵从取向

		高	低
谈话取向	高	一致型家庭 （遇到冲突会倾听彼此的意见，但最终的决定由权威做出）	多元型家庭 （遇到冲突会沟通讨论各方观点，最终达成共识）
	低	保护型家庭 （不太进行沟通和分享想法，强调服从权威）	放任型家庭 （家庭成员很少参与彼此的事务，各人自行做决定）

家庭沟通的模式

有研究表明，多元型家庭（谈话取向高，遵从取向低）的家庭里养育的孩子会比其他三类家庭里养育的孩子更少用言语攻击他人，更容易接受人与人之间的不同，拥有更加多元化的价值观。越来越多的研究也显示：当我们在家庭里能畅所欲言地沟通，共同决策，而不是强行保持一致、不允许各抒己见，会产生更好的沟通效果。

我儿子3岁多时谈到爸爸妈妈的不同，他说："爸爸比较凶，妈妈比较温柔。"我问他："那你希望爸爸怎样呢？像妈妈一样温柔一点吗？"他说："妈妈一个人温柔就够了。爸爸陪我玩打架、举高高，跟我玩小飞机（一个把孩子举起来到处飞的游戏）就可以了。"

当时我非常意外且受触动，本以为童言童语会影响到爸爸，让他对孩子更温柔些，没想到孩子却给我上了一课——孩子对爸爸和妈妈的期待本就不同，他并不需要爸爸复制母亲。他既需要妈妈的关怀和理解，也需要爸爸的勇敢和力量。爸爸并没有要求我和他一样强壮有力能把孩子举过头顶，但我却在心里多多少少期待他能和我一样温柔。而孩子却把我们各自的优点记在了心里，并且给予了鼓励和肯定。虽然他年纪小，但在他心里，爸爸妈妈只是不同，并没有优劣之分，更没有因此困惑混淆、求全责备。相反，爸爸妈妈都不是十全十美的人，反而在他的眼里拼凑出了十全十美。

一个人遵循和认可的原则，是价值观的体现。它之所以能够存在并被沿袭使用，并不因为"原则就是原则，规矩就是规矩"，而是因为它所根植的价值观曾经有其存在的合理性，并在成长经历中给我们带来了某些好处，所以它对于我们来说是如此重要。但每个人的成长经历都不同，所以价值观排序也不同，我们的原则曾经带来了好处，并不意味着家庭其他成员也要认同我们的价值观并奉为圭臬。

曾经有位妈妈讲过这样一个例子：这位妈妈是杜绝孩子吃糖的，而爸爸则喜欢让孩子用答应某些条件来交换，奶奶则会宠溺地偷偷塞给孩子糖吃。妈妈跟家人沟通了很多次，可大家都是当面答应，背后仍按自己的来，妈妈非常苦恼。

看起来好像每个人的规则都不一样，很难统一，可当我们把关注点放在这些规则背后的价值观上会发现，原来教师出身的妈妈特别看重孩子的健康和说话算话；而做生意的爸爸则看重灵活和努力争取；作为家庭主妇的奶奶更希望孩子有个轻松快乐的童年。每一个人的规则都是因循了他们

217

背后的价值观，所以与其说是规则之争，不如说是价值观大 PK，而价值观是没有绝对的对与错的。

发现了这一点后，妈妈一改之前对孩子吃糖行为的严防死守，后退一步，放下了"对"与"错"的争执，把选择的权利交给了孩子："在吃糖这件事上，妈妈、爸爸、奶奶的意见不一致，你是不是有点不知道该怎么办？妈妈不想让你吃是因为担心吃太多糖对你的身体不好；爸爸希望你能用自己的努力和思考来赢得你想要的东西；奶奶是希望你能高高兴兴的。当然，这是你自己的事情，我们现在把我们的建议都分别说给你听，选择权交给你，我们相信你有自己的判断。"

让妈妈出乎意料的是，孩子说他打算少吃一点糖，吃完好好刷牙，而且吃完还把自己散落一地的玩具都收拾好了。

当我们允许"和而不同"，不去纠结谁对谁错，尊重每个人的想法，让孩子理解家人这么做都是出于对他的关爱和发展，并且也尊重孩子内心的选择，把选择权交给孩子时，会发现拥有了自主性的孩子是会做出为自己负责的选择的。

2. 在不一致的时候，如何教孩子学会判断？

那到底如何让孩子在家人们不同的行事标准之下学会为自己做判断呢？

有位妈妈跟我吐槽自己的公婆，孩子正在玩积木玩得起劲，有一块不知道该怎么拼，正在思考，爷爷就开始指点"这个要这样搭"，过了一会儿呢，奶奶又拿着水杯子过来说："来，喝点水吧，玩半天了。"这位妈妈看不下去了，就去跟孩子爷爷奶奶说："你们让她自己玩会，这样打扰孩子，容易破坏孩子的专注力，将来长大学习容易分心的。"爷爷奶奶听后当然很生气了："哪有那么严重？""我关心我自己孙女还有错了？"

这位妈妈就非常担心：一方面孩子总被逗着玩、总被打扰的话会破坏专注力，但是也不可能做到一直严防死守；而且这样一直处在与家人对立的状态里，家庭关系多紧张啊。

我们沟通之后，这位妈妈采用了两方面的做法：

一方面，和家人进行积极的沟通。这位妈妈理解到，其实孩子能享受被全心关注的机会也就是学前的几年，尤其全心全意的关注是很多忙碌的年轻父母很难完全做到的，孩子有时也很享受被爷爷奶奶关注、疼爱的幸福感觉。于是她完全理解并接纳了老人对孩子的"打扰"。

而老人也享受见证孙辈成长的感觉，所以妈妈会常常跟老人分享孩子的进步，还录视频分享给他们，他们自然也能够感受到当孩子能保持专注的时候是多么的有创造力。

另一方面，教会孩子表达自己的需要。妈妈在自己陪孩子的时候告诉她："需要妈妈帮助的时候叫我，不需要的时候妈妈就在旁边，不会打扰你。"有时候也会说："妈妈在看书，需要 ×× 分钟，你可以玩 ×× 或 ××，妈妈看完书就来陪你。"同时给孩子定个闹钟或用沙漏计时，当时间到时就如约去陪她，并且感谢她的配合。还有的时候，妈妈过度帮助了孩子，孩子抗议时，妈妈会跟她表达："对不起，你不想要妈妈打扰你，你想自己完成。"

慢慢地，她发现孩子在需要老人关注的时候可以一起玩，需要独处的时候也会明确地表达，从此在心里真正放下了对这件事的担心。

父母可以用言传身教示范给孩子如何保护自己的界限，同时尊重别人的界限。这样，孩子通过和不同家庭成员的相处，看到了更多的可能性，明白做事的方式并不是非对即错。同时，他们还能够学会观察人与人之间的不同，学会不同的人际交往策略，以人为镜，在不同的镜子中映照出自己的本心，找到让自己的需求得到满足的方法。

我们不可能让孩子永远处在真空中，什么"细菌"都不接触，但我们可以在家里这个相对安全的环境里给孩子接种一些"疫苗"，把家庭成员之间不一致的原则和行事方式变成帮助孩子建立"免疫系统"的资源和养料，帮助孩子产生足够的"抗体"。而这些，是我们父母通过言传身教可以传递给孩子的。

所以当有人说孩子利用家庭成员的不同"钻空子"，我有时会想，有没有一种可能——孩子在寻求此时此刻他所需要的心理资源——过于严格时的包容，过于紧张时的放松，过于忙碌时的闲暇，过于刻板时的惊喜。孩子在不同的家庭成员身上寻求他们能给到的不同支持，才能够成就一个更加丰盈完整的生命。

一致固然有一致的好处，但没有必要强求，不一致也有不一致的好处。归根结底，让孩子困惑的，并不是不同的原则本身，而是我们对待不同的态度。如果我们面对不同，追求的是"我是对的，你是错的，你得听我的"，那么孩子的选择，必将成为大人间争取输赢、比拼优劣的证据；如果我们以接纳、欣赏、好奇的态度面对不同，用放松的方式去沟通，那么孩子将不再需要在两种声音之间纠结摇摆，思前想后，反而可以更专注于遵从自己内心真实的判断。这种潜移默化的影响，让家庭成员之间的差异成为孩子得以成长的财富而不是负担。

你是否有自己的养育团队？

养育团队指的是什么呢？它包括每一位能够参与到你养育孩子的过程中的成员，比如说你的另一半，孩子的爷爷奶奶、姥姥姥爷，保姆，邻居，老师和教练，等等，可能是家庭成员，也可能不是。他们是你在需要的时候可以寻求支持的资源。

为什么我们需要养育团队呢？

首先，从作为父母的角度来看，做父母是一项 7×24 小时的工作，我们还经常需要给孩子蓄杯，如果我们不给自己一点休息时间，喘口气、蓄个杯，那我们自己的杯子很容易就会空掉，在空杯的情况下一直付出，是不可持续发展的。而养育团队是我们的支持系统，不管是通过分担任务的方式，还是通过为我们节省时间的方式，或者是给我们情感支持的方式，这些都给我们提供了自我蓄杯的机会。

其次，从养育团队成员的角度来看，我们需要意识到，养育孩子本身是一件非常重要有价值的工作。它不仅仅是付出和责任，它也会为养育团队的成员带来联结感、被重视被需要的感觉、成就感，甚至是一些自我完善和成长的机会，这个部分它是很美好的，是值得我们和自己的养育团队一起分担和分享的。

最后，从孩子的角度来看，一个孩子，他的成长天然地需要周围各种生活经验和社交经验的滋养，养育团队成员之间的差异是孩子成长所需的不同"微量元素"，带给孩子更兼容并包的人格养料。我们每个人都是一本行走的百科全书，都有不同的故事、不同的特质和优点，如果我们的孩子在家庭生活、学校生活、社区生活中看到这些特质是怎么活出来的，每个人有怎样不同的活法，这会让孩子成长的生态系统更有弹性。那孩子就更有可能在一个不完美的世界里，用多元化的视角去看待他人，更加兼容并包，最终做出自己真正想要的选择，成为他想要成为的样子。

我特别喜欢看到路上那些爷爷奶奶带着孩子们跳广场舞、坐在一起吹拉弹唱的状态。他们总是悠闲地、笑眯眯地安住当下，仿佛一切都没什么好着急的。孩子们在其中偶尔表演一下，会赢得爷爷奶奶们的阵阵掌声和夸奖，孩子们怎么做，在他们眼中都是可爱的。长者们其乐融融、悠闲自足的状态，是忙着奔波于生活、追求更高更快更强目标的年轻人很难停下来去享受的。

有一句非洲谚语，叫作"养育一个孩子需要一个村庄"。我特别喜欢这句话。这并不是说，我们只有在自己时间精力不足的时候，才需要其他人的帮忙，而是告诉我们养育孩子本来就需要一个团队，求助也并不丢脸，父母在养育孩子方面虽然肩负着很重的责任，但我们不是孤立无援的。有些父母，尤其是妈妈，需要让自己放松一下，学会放手和授权，不必万事追求完美。

你可以对照这张表格检视一下自己的养育团队，看看会有哪些发现?

我的养育团队

团队成员 （自己、伴侣、祖父母、其他）	团队成员优势	团队成员向孩子 表达爱的方式	你打算用什么方 式和他联结
自己			

● 手足相争难调和？

——三招让孩子一笑泯恩仇

多子女家庭不可避免地会面临孩子争抢的场景。即使是独生子女家庭，也难免会出现孩子和其他小朋友发生争抢的情况：争抢物品、争抢关注、争抢机会。有时是口角，有时是争抢，有时是推搡。

很多家长会把手足冲突看成是一件要尽量避免的坏事。因为在处理孩子的冲突时，最重要却最难的就是保持平和的心态。很多父母看到孩子有了冲突，都会非常紧张焦虑，很容易把孩子之间的冲突，理解成欺负和被欺负，家长只有尽快阻止孩子间的冲突，这样自己心里才会觉得安全。

心理学家皮亚杰认为孩子正是利用冲突来学习人际规则以及道德伦理的——下一个轮到谁、什么可以被允许而什么不能，而冲突是人际学习所需

要的基本素材。

其实，除了一些严重的、有可能危及人身安全的情况需要紧急干预，及时分开，保护孩子的安全。大部分手足冲突都是小打小闹，对孩子来讲可是大有好处呢！这些冲突，可以为孩子一次次积累应对经验，形成自己的一套应对模式。这套模式，是由内而外地在实践中形成的，而不是由外而内灌输进去的。

但是如果大人们在面对孩子之间的冲突时，使用的是成人自己看待人际关系的标准，带着自己的情感色彩评判谁是无辜的、谁是故意的，给孩子们打上欺负和被欺负的标签，这种过度干预，不仅破坏了孩子之间的情谊，而且也剥夺了孩子学习社交尺度、应对方式的好机会。其实是让孩子为我们自己的紧张焦虑埋了单。我们常常观察到，家长过度保护的小朋友，往往会在面对社交冲突时反应慢半拍，反而不能够很好地保护自己。

处理手足冲突的两个常见误区：

误区 1：要求"大让小"。
当发生手足冲突时，家长本能地想要保护弱者，这是人之常情。可是，一味地要求"大让小"，不仅会伤害到大孩子的情感，也会让小孩子恃宠生娇，甚至不相信自己有自我保护的能力，每每依靠大人来解决问题。

误区 2：俩人一切相同。
当孩子因为争抢玩具发生冲突，有的家长为了公平起见，要求两个孩子各玩 5 分钟，或者答应孩子再买一个一模一样的。其实在这样的冲突中，孩子想要的不是某个玩具，而是——在爸爸妈妈心里，我是不是最重要的那一个。所以我们会观察到：当家长真的采取了"俩人一切相同"的方式，两个孩子反而并不一定真的喜欢同一个玩具；而同样的玩耍时间，对两个不同年龄的孩子来说也并不合适。

处理手足冲突的三个角色：

谨记一点：千万不要当法官！法官是判定谁对谁错的人，而对与错其实是家长自己的标准，当我们用我们的头脑去代替孩子做判断，孩子不一定心服口服，甚至只是僵化地记住了规则，而他们自己独立判断的能力被抑制了。

我印象特别深的是有一次我家姐姐追着弟弟打，俩人力量悬殊，于是我喊了停，采访了一下他们的感受，我问姐姐："你想打架吗？"姐姐深恶痛绝地说："不想！"我又问弟弟："你想打架吗？"出乎我意料的是，他笑嘻嘻地说："想！"我这才明白过来，多半是弟弟去惹了姐姐，姐姐被打扰了，于是采取了防卫措施。我笑着跟他们说："真是太有趣了，打人的原来不想打架，被打的原来才想打架，你们说好笑不？"他们也笑了。

你在家中是否也曾遇到过这种剧情大反转呢？我们看到的经常不是全部真相，所以不要提前预设谁对谁错，发生冲突的双方，往往都是有责任的，所以千万不要当制造"冤假错案"的法官哦！

那么不当法官我们可以当什么呢？我们可以充当的有三种角色：沟通双方的翻译官、调节关系的主持人、普照大地的太阳。

1. 做沟通双方的翻译官

发生冲突的孩子往往已经陷入了情绪，所以他们的行为大多是本能的冲动，那我们就需要把他的情绪翻译出来，同时也帮他把自己的想法翻译给对方。

翻译双方的情绪
- "我看到你在哭，很伤心。"
- "我看到你非常生气。"
- "他拿了你的玩具，你很着急。"

翻译双方孩子的视角
- "刚才发生了什么？"
- "他不小心碰倒了你的积木，是不是这样啊？"

询问解决办法
- "你们都想坐这个凳子，可是只有一个，该怎么办呢？"

做沟通双方的翻译官

这样的方式可以发挥孩子主动思考的能力，帮助孩子练习解决问题的技巧。长此以往，他们解决问题的能力增强，也能更灵活地处理社交问题。而不单单是僵化地记住规则，到了关键的时候反而无法变通。

一位幼儿园老师分享过一个故事：有次在园里一堆小朋友围在一起，吵吵嚷嚷。原来是有两个小朋友在吵架。老师就过去和他们说："你们在吵架呀！是不是这样？"然后，她模仿一个孩子的语气，略显夸张地对另外一个孩子说："你刚才对我那么凶，我不高兴。"接着，她转过身，又模仿另一个孩子的语气，略带夸张地说："那你也对我凶了呀！"一人分饰两个角色，一左一右地对话。小朋友们见了，都哈哈大笑。

在笑声中，两个孩子通过扮演了解了对方的想法，又可以好好做朋友了。这就是一次很成功的翻译。

2. 做调节关系的主持人

好的主持人都很善于用幽默把紧张的氛围转化为轻松的氛围，笑声是最好的润滑剂。我们可以做主持人，发起一个有趣的游戏，让孩子在笑声中化解冲突。

有位学员妈妈分享了一个故事：哥哥闲来无事撩拨了一下不会说话的妹妹，妹妹哭着去找妈妈，妈妈问哥哥："你是不是把妹妹的'哭闹开关'给打开了？让我找一找怎么关上。"然后在妹妹身上拍一拍、按一按、摸一摸，给予妹妹身体接触和安抚，嘴里说着："是这儿吗？是这儿吗？"妹妹没有停止哭声，但是声音小了一点，妈妈假装找到了调整声音的按钮，把声音调大调小，妹妹很快就不哭了，妈妈装作恍然大悟地说："原来在这啊！"然后招呼哥哥："你来试试。"哥哥很快就和妹妹玩起了开开关关的游戏。

在这个故事里，妈妈没有把冲突看成是一个问题，而是利用好玩的"哭闹开关"，像一座桥一样架在两个孩子中间，把两个孩子断裂的关系连了起来。家长可以利用孩子感兴趣的话题，或者手边的玩偶，充当桥接的媒介。比如：两个孩子互相推搡，可以提议他们玩一个"碰碰车"的游戏，在衣服里塞上毛绒玩具互相碰撞，既释放能量，又增进感情。

你还可以在两个孩子争抢玩具的时候，冲过去把玩具抢走说："哼，我是个大怪兽，专抢小朋友的玩具，趁他们不注意，我就可以抢来玩了，哈哈哈哈！我才不会告诉他们我最害怕小朋友们合作呢。"两个孩子准会合作，转过来追你，你只要假装惊讶地说："啊！怎么会？小朋友们怎么会合作？太不可思议了！"孩子们就会嘻嘻哈哈地跟你玩起来，最后你当然要假装挣扎了半天然后输掉。这种方法百试不爽，把两个在对抗中南辕北辙的孩子转为齐心协力的合作关系。

有一次坐出租车，我家姐弟俩因为觉得自己的座位不如对方的宽敞，打起架来。我就假装懊恼地说："等一下，等一下，每次你俩打架我都只能看到结尾，从来没有看到过开头。不行，你们得重新打一次。让我录下来，好好欣赏一下你们可爱的样子！"这样一说，俩孩子都不愿意再来一遍，我继续夸张地求他们："求求你们，我真的好想看啊。"在我的央求下他们终于"勉为其难"地打了起来，但这次，是假装打起来了，打着打着俩人就忍不住笑场了。最后抱在一起，笑成一团。

为什么会这样呢？也是因为一个"录视频"的游戏，把两个孩子的"真打"变成了"假打"，两个孩子从对抗变成了合作演戏，自然就不再有针锋相对，而需要"停止内战，一致对外"啦！

3. 做普照大地的太阳

我们还可以当一个温暖的太阳——普照大地，一视同仁。冲突往往发生在双方都需要蓄杯的时候，我们可以同时给到冲突双方应有的关心、鼓励和被倾听的机会。

一位妈妈分享过一个故事，有一次她家孩子的小伙伴去她家玩，到走的时间了，看见她家有一个很可爱的小狗玩具，估计小伙伴也不是很想走，就说想把带小狗带走。那孩子肯定不同意啊。妈妈灵机一动，假装小狗玩具说："哎呀，我好为难啊！我不愿离开小主人，但是看见小客人这么喜欢我，我也很舍不得。怎么办呀，怎么办？"最后俩小孩一听，商量了一下，达成一致：主人和小狗送客人回家，然后主人再带把小狗带回家。两个孩子都很满意。

在这个故事里，两个孩子的感受都被关心到了，于是这位妈妈也就赢得了她们的合作。

有一天雨后，我们一家出去散步，路上有很多蜗牛，我女儿编了一个"关于一个人养蜗牛的故事"。当时1岁多的弟弟听了，马上呜哩哇啦说了一大堆。爸爸说："弟弟也开始学着讲故事呢！"姐姐感觉到弟弟被关注到了，马上跑过来很大声地对弟弟说："你不会讲故事！"爸爸担心姐姐打击到弟弟，马上给弟弟说："弟弟也可以讲故事。"姐姐生气地说："不行！弟弟不能讲故事！"我知道姐姐想要的是关注，于是跟她说："姐姐讲的故事非常完整，同时很连贯，而且最后你还用一句话总结了你的故事。"姐姐听完了以后说："对啊，弟弟就不能用一句话总结故事！"我对弟弟说："弟弟看见姐姐在讲故事也想尝试，说了很多连续的话，妈妈听到了好几个'牛'字，妈妈猜这也是一个关于蜗牛的、你自己的故事。"弟弟也笑了。

我们当太阳，给两个孩子同时以温暖的鼓励，让他们觉得自己都被妈妈看见了，就得到了蓄杯的机会。

以上分享的都是如何救火，我们知道，防火大于救火。许多多子女家庭的孩子互相嫉妒导致鸡飞狗跳的关键，还是在于家长没有及时为孩子蓄杯，孩子的杯子空了太久。对于多子女家庭来说，保持固定频率的一对一单独的特殊时光是最基本的设置。孩子不是要求你 100% 的时间属于他，而是有那么一段时间，你 100% 的关注都属于他。当然，如果有机会父母二人一起陪他，得到 200% 的关注，那就更加锦上添花！

小游戏

| 抢宝宝 |

爸爸妈妈宣称都想单独和宝宝在一起，争执不下，假装要抢走宝宝，然后一个人拉宝宝一只手，甚至还可以拉住他的脚，假装都在用力抢。有人赢了，可以得意地黏着宝宝，然后另外一个人又上来抢走，和宝宝抱抱，甚至抢走宝宝后可以躲在另一个房间，等另一个大人追过来找。如果和大一点的孩子玩，还可以抢爸爸妈妈，游戏中一定要注意力度和安全。

对于独生子女家庭，可能没有多子女家庭那么频繁的练习社交技能的机会，那么用手偶、角色扮演也是非常好的方式。我们可以用角色扮演的游戏来练习如何加入别人的游戏、如何开口请求帮助、如何拒绝别人，等等；如果有的小朋友着急了，伸手拍过来，该如何应对、如何逃跑，等等。当然，玩的时候大人要注意装傻、装弱、装笨，给孩子赋能。对于孩子来说，"说给他听"，不如"做给他看"。反复地练习，孩子就内化到身体里了，等需要的时候，他才能自动化地运用出来。

在社交里，家长需要明白"孩子的冲突是暂时的，是学习社交的好机会"。如果我们能保持内心的平和，并用好玩的方式把这个信息传递给孩子，相信这些冲突将会变成孩子的一笔财富！

● 冷冷冰冰好无趣？

——幽默也可以是家庭游戏

前面我们讲了这么多用游戏带来快乐、化解亲子挑战的方式和故事，说到底，父母需要修炼的其实是一颗幽默、松弛的心，甚至可以松弛到能够自嘲、自黑，放下大人的权威，允许孩子们可以小小地整蛊一下自己……

如果说游戏是孩子的语言，那么幽默就是成年人的游戏。把幽默的、游戏式的沟通方式运用在生活之中，不仅能化解亲子冲突，还能游刃有余地面对各种人际挑战，让家庭氛围更加其乐融融。

维持长期的亲密关系需要人们投入时间和精力去做更多有愉悦感的事。其中，幽默是非常重要的指标，因为它不但能增添愉悦感，还能起到关键的润滑作用。有研究发现，伴侣之间一起发笑的次数越多，能感受到和伴侣的契合度越高，得到心理上的支持也越多。如果家庭成员之间能经常开开玩笑，互相逗乐对方，不但说明你们的亲密关系充满欢乐，有愉悦感，还说明你们是互相包容和接纳的，愿意互相示好。开玩笑的人在说"我很在乎你的感受，我愿意逗笑你"，而笑的人在表达"我也在乎你的感受，愿意接受你、欣赏你"。

科学家仍在努力解释到底是什么使人们发笑。哲学家、心理学家、喜剧家对此有很多不同的解释，总的来说，幽默的机理有三个，分别是：意外感、优越感、宣泄感。

1. 意外感

意外感，指的是人会被意料之外、和你平时想的不一样的事情逗笑。

关于创造意外感这一点，我们可以好好跟小孩子学学，他们的脑洞很大，思路清奇，会给我们很多启示。

有一次我们出去吃饭，女儿问我可不可以要个汤，我爽快地答应了，问她要什么汤，她狡黠地一笑："酸梅汤！"平时很少给孩子买饮料的我被她逗笑了，给孩子买了酸梅汤。

还有一次我们出去吃饭时，听到别人说"×× 脑袋有问题"，正当大家有点尴尬时，女儿接话说："脑袋有问题是好事啊，说明 ×× 很爱思考，所以脑袋里会有很多问题。"逗得大家哈哈大笑，也解除了 ×× 的尴尬。

其实生活中面对两难选择或者难以回答的问题时，我们可以跳出问题本身，从另一个角度去回答问题。我们为什么觉得幽默的人聪明、有智慧？就是因为幽默的人往往善于从另一个角度看到事情的第三个维度，做出第三种选择，而大多人习惯的，则是非黑即白二选一。

在职场、家庭生活中遇到难以回应、好像只能二选一的问题，可以想想我们这里说的"第三种选择"——让对方意外，来给自己空间。比如婆婆跟媳妇说多管家务，让老公好好工作，不要管家里的小事，媳妇答应吧，觉得委屈，凭什么老公光管工作不用管娃；不答应吧，显得不懂事。媳妇可以笑着说："妈，我相信你教出来的儿子当然能平衡好家庭和工作。"既表达了自己的立场，又给了婆婆面子，还夸了老公。一举三得。

2. 优越感

哲学家托马斯·霍布斯说过："笑，是发现事物的弱点，突然想到自己的某种优越感时，那种突然的荣耀感。"你可以通过创造一个"失败者"的形象，让对方感觉自己就是"成功者"，从而产生心满意足的"优越感"。我们看很多喜剧节目、搞笑视频里，演员都会出现各种困境，看上去很蠢、很滑稽，他们就是通过这样的自我调侃，让观众产生优越感，从而发笑。

在亲子关系中，我们也会经常运用优越感的原理，装作傻乎乎的样子，与孩子修复联结、恢复信心、化解亲子冲突，等等。

有一位学员妈妈分享过一个例子：妈妈陪孩子去公园，请孩子给她讲讲他画的画，妈妈觉得孩子语言表达逻辑不够清晰，示范后让他重新说了一遍，孩子可能因为心情好，还算配合。可到家给他录作业视频，又遇到类似

的情形，他讲题的逻辑有些跳脱，没有妈妈要求的细节，于是妈妈打断他，要求重新讲了两三遍，这时明显感觉到孩子不耐烦甚至快要带着哭腔。

就在一触即发的时刻，妈妈意识到了自己的居高临下，想起了要带给孩子"优越感"，于是转而用幼稚的语气说："哥哥小老师，我是你的小妹妹，人家第一次听这么难的数学题，请你帮忙把每一个步骤给我详细讲讲吧。"哥哥噗嗤一下笑了，瞬间变耐心了好多，真的又重新讲了两遍，妈妈想确认的每一个细节也都耐心解答了，作业录像里面充满了笑声。

如果你不想"贬低"自己，还可以试试"抬高"别人，来创造优越感。

我妈妈是个老师，经常指出我哪里做得不够好，希望我提高，让人有时压力很大。有次她批评我，气氛很紧张，我开玩笑说："× 老师你说得对！实在是有道理！真是太英明了！你是人生导师！是我们年轻人前进的启明星！我真是不花钱就上了一课！划算啊！"她笑了，也没再继续批评我了。

在亲密关系中，我们也可以试着来点"捧"对方的"土味情话"，给关系中创造更多的情趣。合上这本书之后你可以试试"套路"伴侣："世界上最帅／美的人，帮我倒杯水呗！"看看会发生什么吧！

3. 宣泄感

哲学家斯宾塞说过：笑是对压抑神经的释放。这个意思是宣泄也能产生笑，产生幽默。人在严肃、有压力的氛围中会处于紧绷的状态，这时候如果你能让大家的情绪得到一个释放的出口，加上那一刻和在场的人心意相通的快感，大家自然就笑了。

综艺节目《吐槽大会》，每期都会请不同的明星到场，互相吐槽。其实这就是一个很典型的"压力释放"。这些明星往往都有各种槽点或者绯闻，但很少有机会被当面怼，但当大家把吐槽的段子说出来，就释放了压力，从而让所有人放松下来，笑起来。

英语中有个短语叫 elephant in the room（房间里的大象），意思是一些非常显而易见的，可是一直被忽略的问题。房间里有一头大象，大家不可能看不到，却都忍住了不去说它，就是因为没有人敢去把这个压力氛围捅破。所以，压力释放带来的幽默在现实生活中很管用，尤其是当工作或者家庭间的气氛比较压抑、尴尬的时候，谁能帮助大家把这个紧张的气氛释放掉，周围的人都会很感谢他。

在一次综艺节目中，主持人张绍刚和撒贝宁同时出现，他俩经常被爆不和，有人就问："我经常看到网上有两位老师吵架、现场互撕的视频，我想问两位老师，现在现场那么和谐是装的还是演的？"张绍刚说："你是哪只眼睛看到我们两个现场特别和谐的？"撒贝宁说："我们俩是属于凑合着过呗，还能离咋的？"两大名嘴，现场这么尴尬，压力多大呀！但不管是张绍刚还是撒贝宁，都在用幽默的方式解构了"不和"这件事，压力一下就释放掉了。而现场的压力被打破之后，大家都在一个比较欢乐的氛围里，其实也就给了张绍刚和撒贝宁更多解释的机会，这时他们再解释几句，后来俩人不和的传闻也就被洗白了。

有一次，我和老公带俩孩子旅游，本来说好俩大人一人保证一个孩子的安全，结果他总是不打招呼就接工作电话，留下在人群中不知该跟爸爸还是跟妈妈的孩子。外面人很多孩子又小，我很紧张，忍不住指责他，

他却觉得我大惊小怪，只是接个电话的工夫用不着过度紧张，还给我说"relax（放松），relax"，甚至给我买了一件上面写着 relax 的衣服！这让我更生气了。

晚上孩子睡了，我跟他说："你一接电话我就生气，在外面人多，我也没办法放松下来。"他说："那你想怎么办？"眼看气氛又紧张了起来，于是我说，"我们要不要试试用游戏来解决这个问题？玩个游戏吧，你扮演我，我扮演你。"他勉强答应了，于是我假装接电话走掉，他假装女声生气地指责我，我假装很无所谓地、夸张地说"relax，relax"。俩人用扮演的方式把对方的神韵模仿了一遍，都笑得直不起腰来。紧张的关系马上就缓解了，甚至还觉得彼此之间颇有默契。笑过之后，他主动提出再遇到工作电话会提前打招呼再离开。

还有一次，我在屋里备课，让老公收拾一下客厅，结果工作完出来一看，他躺在沙发上，客厅并没有变化。我说："你干什么了？我怎么没看出来？"他说："那你玩个找不同的游戏呗！"我被逗笑了，生气也被释放掉了，他说："你看我干的活，就是这么自然而然，润物细无声……"紧张的关系被幽默的语言化解了，我再问他的时候就变成了："那你是为什么不收拾呢？什么地方难入手？"他说孩子的东西太多了不知道怎么分类，这时告诉他如何做，很容易就收拾完了。

伴侣间的争吵有许多是因为日常琐事的争执和唠叨，如果在这些争执和唠叨中，彼此能开个玩笑，一个用幽默表达"我在乎你"，一个用笑表达"我接受你的在乎，我接纳你"，有多少冲突都能被大事化小，小事化了。

幽默本身，具有一种巨大的吸引力，甚至会被人们认为是一种更高级的智慧。有句话说："喜剧的内核是悲剧。"其实也是在告诉我们，幽默也可以是人生中那些不如意的另一种打开方式。

不管一些生活中的小痛苦，还是生、老、病、死这种大痛苦，当我们用幽默的方式去解构，都是可以苦中作乐的。乃至三年疫情，可以说是全民的悲剧，但是当我们用幽默的方式看待，期间涌现出了多少关于隔离、关于核酸的幽默段子，让我们感受到我们中国人民的智慧和幽默。这是一种不服输、不低头的乐观主义精神，支持着我们在最困难的时候也依然不会放弃信心。

幽默是我们应对世界的一种表达方式，你可以通过幽默，告诉别人你对这个世界独有的视角。它让我们在面对危机的时候，能机智应对；面对机会的时候，能巧妙表达、大胆展现；面对人生困难的时候，依然能让生活变得有趣。拥有乐观豁达的心态，能够无惧岁月，陪伴着我们度过生活的坎坷和起落。

第8章

游戏的心态，不仅仅
孩子值得拥有

放轻松，留出一点时间，再次成为一个玩耍
的孩子。

——皮耶罗·费鲁奇

读到这里，你是不是越来越享受和孩子在一起游戏的时光了呢？有没有在生活中和孩子沟通的时候，不知不觉就会用到游戏的方式？

比如一起读书的时候，读完一起扮演一幕。

比如孩子遇上不愉快了，问他："假装时光倒流，你会怎么重新来过？"一起演一遍。

就算是孩子不跟我们说话，我们也可以说："哦，原来你是想和我玩一个谁都不说话的游戏啊！好吧，那我就用拉链把嘴封上！"同时做一个拉拉链的动作。

其实我们天生就会游戏。有时候可能是一个完整的游戏，有时候可能只是一个游戏片段，有时候可能只是游戏的方式互动了一小下。但就是那一小下，掀起了一个小高潮，就能让我们的关系提升不少，再次蓄杯，而这些都需要我们有放松的心态。

有位学员妈妈跟我分享过一个故事：她的孩子不喜欢语文听写的作业，前半程还愿意好好配合，后半程就不耐烦起来，注意力很难集中。于是妈妈想到一个好主意——用游戏的声音为孩子听写。比如"颤抖"，就用颤颤巍巍的声音念出来；"撕扯"，就用咬牙切齿的声音念出来。有的词还用方言念出来，甚至把接连的几个词连成一个搞笑小故事，一口气念了好几个词。孩子觉得很有意思，哈哈大笑，压力就这样在笑声中慢慢融化，还完成了听写任务。

就是这样一个并不能称为"游戏"的一个互动片段，把孩子抵抗的任务变成了欢声笑语，为孩子蓄满了杯，是不是非常机智！

科恩博士说过："一天中，孩子的情绪会有很大起伏，而游戏是他们最本能的平复手段。我们对孩子的游戏语言越是熟练，就越能帮助孩子完成联结的循环。"

有次我出差，晚上和儿子视频，他一开始看见我很高兴，后来看着看着便有点沮丧了，一直念叨着："想妈妈了。"我说："你想妈妈都快哭了，但是忍住没哭，是吗？"他瘪着嘴重重地说："嗯！"然后使劲给我飞吻。我灵机一动，假装伸手接住飞吻，贴在自己脸上。他笑了，接着继续接连抛飞吻，我都一一接住贴在脸上；我又扔了一些飞吻回去，他也如法炮制贴在脸上。玩了几个来回，他就开心起来了，自己说："我去玩了，妈妈拜拜！"然后挂掉电话去玩了。

只要有了游戏的心，飞花摘叶、信手拈来都可以是游戏。最重要的是，大人和孩子享受这段关系和这个互动的过程，而不是把游戏当作控制孩子的手段。这样，即使是没有道具，游戏也可以随时随地发生。

我们之前讲了很多关于游戏式养育的内容，但如果读到这里，你还是觉得有点难，觉得自己不会玩，甚至觉得自己在养育方面做得不够好，我就再送给你三个建议吧！

● 做一个会玩的大人，把游戏力变成一种生活方式

相信自己可以是一个会玩的大人，把游戏力变成一种生活方式，而不仅仅是一种育儿技巧。

有次陪女儿玩，她设定了一片空间，对我说："欢迎来到小孩国！"

在小孩国里，所有的人不管是孩子，还是成年人，都是小孩；

在小孩国，每个人也有自己的工作，但都是用小孩的方式来进行，非常有趣；

小孩国有一个最大的好处是——长寿，一直保持年轻；

在小孩国，没有人会不停地要求你，每个人可以为自己负责；

小孩国的每个成员都有一个专属的机器人，帮他们处理那些他们必须应付的事，比如说做作业、家务、赚钱……

她只是无心之言，我却被这个"小孩国"的隐喻深深触动了——世间万事万物，本都可以游戏的态度对待和参与。对成人来说，游戏只不过是游戏；但对孩子来说，游戏本身就有着终极的意义：在游戏里，他们有着充分的自主性，享受自己所选择的一切。而当他们一直被要求着，以一种被迫的心态去完成那些"必须要做的事"时，是一个与本真的自我相割裂的状态，就逐渐变成了"机器人般的大人"。

我们不是因为长大才停止游戏的，而是因为停止游戏才变老的。

其实，变成大人的我们也依旧可以在生活的方方面面中葆有有趣的灵魂。尤其是在家里——家是放松的地方，是讲爱的地方，是允许情感流动的地方。当家庭成员之间互相指责、说教的时候，关系是紧张的。如果家人之间还要保持完美、严肃正经，只会增加距离。而游戏，可以缓解冲突，放松情绪，增加情趣。

有次我带孩子去姥姥家，儿子在我身边撒娇，姥姥看不惯，开始数落，于是我夸张地学着小孩的口气说："哎呀，有人欺负我，我爸爸妈妈都在，竟然还欺负我！救命啊，妈妈！有一个小孩欺负你的女儿，抓住我不放！"孩子咯咯大笑，姥姥也笑了，假装生气地说："不许欺负我的女儿！"我请姥姥救我，假装要把欺负我的小孩抱走，孩子当然不肯下来啦，就玩起了抢宝宝的游戏，家中响起一片欢声笑语。

还有一次，孩子去奶奶家玩，奶奶新买了一个拍打捶背用的硅胶手掌，弟弟看见了，拿起来就用来拍打姐姐的屁股，姐姐很生气，就抢过来要打弟弟，弟弟跑我这里来寻求庇护，我提议："我们来玩打屁股怪兽的游戏吧！谁拿着手掌，谁就是打屁股怪兽，去打别人的屁股，被打到屁股的人就变成打屁股怪兽，再去别人的屁股。"俩孩子一听很高兴，就玩了起来，结果你追我赶非常热闹，奶奶在旁边看得哈哈笑。这不是把奶奶拉进游戏的最好时机么？我就说："奶奶小心啊，打屁股怪兽要冲过来啦！"孩子果然很配合地跑来打奶奶的屁股，奶奶就这样也被拉入了游戏，跟孩子们玩得很开心。

有位学员妈妈跟我分享过一个有趣的故事：有次他们全家人一起吃饭，等上菜的时候，孩子提议要玩我们在游戏力工作坊上分享的"眼神杀手"的游戏（这个游戏中，大家围圈而坐，低下头去，倒数三声之后，每个人都需要抬头看圈内另一个人的眼睛，两个人彼此相视的时候，即为淘汰出局，如此继续），全家人包括爷爷奶奶、爸爸妈妈和孩子一起玩了起来。在玩的过程中，爷爷奶奶彼此相视，同时被淘汰出局。爷爷奶奶本来前一天发生了龃龉，还处在冷战中，双方都没有想到对方会看自己，在对视的那一瞬间，他们忍不住笑了起来，冷战就此被化解了，之后他们又互相说话了。

如果想鼓励老公多参与家务，你也可以试着邀请他玩个"英雄救美"的游戏，帮助你披荆斩棘克服困难，完了再来个芳心暗许，这就是考验你演技的时刻啦！

中国人表达感情一向含蓄，甚至对于表达情感有羞耻感。我们的老一辈家庭成员常常在没办法向家庭成员表达感情的时候，会需要借助不断地付出、做事来表达"我爱你""我需要你""我想和你亲近"，有时又因为对方不懂自己的意思而心生委屈。但如果我们能带动家人玩起来，在欢声笑语中情感温度也会大大提升，情感会随着笑声流动起来，笑声越多，你越能拥有一个充满爱意的家庭。

● 接纳不完美，真实才最简单

我想说的第二句话是：接纳不完美，减少情绪内耗，在养育中，真实才最简单。

有一位妈妈学员分享过一些在很紧急的情况下使用游戏力化解挑战的故事，事后我们问她是怎么做到在紧急的情况下依然能保持冷静没有被情绪困扰的呢？她说她当时根本就没有负面情绪，只是觉得有点兴奋，因为她把自己放在一个学习者的心态，认为孩子带来的挑战正是练习自己游戏能力的好机会。当她并不想要做到完美，也没有要求孩子完美，就没有了顾虑、担心和评判，行动起来也就更加顺利。

有位妈妈一开始说自己从小不太会玩，很担心自己学不会游戏育儿，但是上完两天的工作坊后，她竟然在全班第一个分享了自己回家应用游戏解决问题的案例，她分享了这样一个故事：孩子完成作业受挫，妈妈想鼓励孩子，拿起手边的两个文具即兴编了一段对话，打赌她能不能完成作业；然后神奇的事情发生了，孩子虽然嘴上支持说她不能完成作业的那个角色，但是行动上却转过身去完成了作业，连妈妈都觉得很惊讶。完成作业后，孩子跑过来让妈妈继续把对话编完，还补充了很多剧情。这位妈妈自己总结：游戏育儿的核心在于用游戏的心态来面对事件，而不是关注自己会不会玩游戏。

游戏没有对错，也没有标准的模板，甚至有时候大人无意或者故意犯一些错，也会让孩子很开心。比如，大人夸张地摔一跤，孩子就会哈哈大笑。大人犯了错，孩子才能知道"哦，大人也会犯错啊"，他们就也能接纳自己犯错误，慢慢放松下来。

我女儿在家一直是特别井井有条、主动收拾玩具的那个，有一天邀请小朋友来家玩，小朋友属于他们班比较调皮的那一款。小朋友走了后，我问她："你观察到 ×× 有哪些特点？"她说了很多，我一直在倾听，最后她说："妈妈，其实有时候我也想像 ×× 一样，调皮一点，不收拾玩具、不用听话。"我说："那样你会有什么不一样的感觉呢？"她说："那样就不那么累。"那时候她还不到 5 岁。我就说："是啊，调皮一点就不用那么累了。我特别同意，说实话我自己也是这么想的。我们来玩一个不完美的一天的游戏吧。想象有一天你很调皮，你想做什么呢？"她就说了很多她的那些不遵守规则的愿望。我说了我的"调皮的一天"：不用工作、不用做家务，等等。说完她笑了，也更加放松自在了。

我们对待自己也一样，不需要每一次互动都要做到完美，一天之中孩子会释放出来很多信号，只要抓住其中哪怕一个高光时刻，把他变成一个互动的小高潮，对亲子关系来说都会有极大的提升。而且只要我们留心，孩子会不断地给出信号，引导我们回到他喜欢的游戏来的。所以，不要怕错过。错过了还有下一次。不用过度自责，留心就好。亲子关系不是那么脆弱，不会仅仅几次不小心没处理好，就断裂了。即使联结暂时断裂了，哪怕已经断裂很久了，只要我们真诚努力，总会有修复的机会。

一位学员妈妈分享过她们家的真实故事：

孩子刚上学的时候，我被各种小学生规则、要求所影响而焦虑着（比如应该形成一放学先写作业、写作业要端正姿势，等等）。这些规则是学校和老师提出的要求，我认为她做不到就是不好，完全扮演了一个监工的角色，一步步把孩子推到了我的对立面。我软硬兼施，但孩子反抗不合作，爆发出激烈的情绪，不信任我，不愿意和我交流，不愿意上学，觉得太难。

两周后的一个周末，因为写作业的事情，我们两个激烈对抗，她大喊讨厌我，看到曾经那么亲密的母女关系都要破裂了，我自己也因为筋疲力尽而感到很无力。我问她为什么这样，她却说不想告诉我。看到孩子对我的眼神是飘忽的，甚至不愿意和我眼神对接，信任度降到零点，那一瞬间，我被惊醒了——我口口声声说帮助她去适应小学，却做着南辕北辙的事——我的虚伪让孩子不信任我了。

我和孩子承认了我的虚伪、我的说一套做一套。我说："因为你觉得妈妈不能理解你，妈妈说的是假的，所以你不想和我说了，你觉得说了也没有用，是吗？"她就点点头。我忍不住哭了。我说："妈妈错了，妈妈因为自己太在意这个事情所以太焦虑了，我担心那些规则你做不到会对你不好，其实这些都只是我自己的担心而已。你从不认识字、不会写字，到现在都能学会学校那么多规则，学会认识这么多字，你真的已经很不容易了，妈妈没有理解到你真的挺难适应的。从今往后，妈妈和你站在一起，在学习上帮助你，无论你有什么问题，妈妈都会尽全力帮助你，和你一起想办法。妈妈最近对你这么粗暴，不理解你，不信任你，妈妈感觉很后悔。你能原谅吗？不过，我相信我们一起努力，一定会越来越好的。"

我就像对我的朋友一样，蹲在她旁边敞开了心扉和她说了这些话，女儿也流泪了，她信任我的眼神又回来了。我们拥抱了。从那以后我们再也没有因为写作业这些事情为难过了。

那天我俩互诉衷肠以后感觉好轻松，我们回到各自的位置，我是爱她的妈妈，她是她自己，我不再是"另一个老师"。孩子成为每天早上愿意第一个去学校的孩子。刚开学那阵子老师说她在班里几乎不怎么说话，下课也不怎么玩，现在已经是活跃分子了，和同学们亲密无间，会回来吐槽同桌，没有讨厌的老师，她自己觉得她的小学很不错。

我深深钦佩这位勇敢而真实的妈妈，她敢于承认自己的不完美。如同她所说："真，唯有真。把壳子扒掉，露出肉。遮遮掩掩，弄虚作假，冠冕堂皇，都不行，孩子一眼就能识破，并且不说出来。当孩子不再信任我们，他会知道该用怎样的虚假'回馈'我们，而我们则不自知。"

真实的情感流动，胜过一百次的假装理解。

● 有享受养育的大人，才有享受成长的孩子

我想说的第三句话是：享受情感流动，有享受养育的大人，才有享受成长的孩子。

虽说繁育后代是一件自然的事，但在快节奏、高期待的现代社会，享受养育并不是一件很容易的事。

某次我带孩子去一个主题乐园玩，做好了攻略如何如何玩排队最短，

做完某个项目迅速奔往下个项目。结果奔波了几个项目之后，孩子哭了："为什么你要走那么快！我累得实在走不动了！"我差点脱口而出："这样快啊，少排队啊！坚持一下，这样是最优解。"话到嘴边之前，迅速意识到自己有多傻：带孩子来玩，为的是快乐，是享受在一起的时光，攻略应该是服务于人的；而我却被一份没有生命的"最优解攻略"催着，拽着孩子以他也累我也累的方式匆忙赶路，破坏了本应享受的"在一起"的体验。

成人以为的"最优解"是用最少的时间玩最多的项目，而孩子心中，不管一天玩了多少个项目，保持好的感觉、和妈妈在一起的愉悦体验才是真正的"最优解"。

我们有多少时光是在追求所谓"最优解"而不停地赶路，充满评判，失去了"在一起"的快乐？

孩子想要妈妈拥抱，我们担心抱久了会难以放下来而拒绝这份亲密；
孩子喜欢漂亮的玩具和好吃的，我们担心他开口索要而提前拽走；
孩子喜欢玩耍时的快乐，我们担心他玩物丧志而剥夺他的游戏时间；
孩子学习取得进步扬扬自得，我们担心他过于自满而提前敲起警钟；
孩子遇事受挫失望，我们担心他伤心而提出补偿或提前采取一系列措施预防；
……

如果家长不能享受当下的状态，把太多东西赋予只有成人在乎的意义，如果我们总是追求更高更快更强、追求"最优解"，那么孩子的现在总是为了未来而做准备，他们就不能被允许在当下充分享受一份足够饱满的情感——足够饱满的亲密、欣赏、快乐、自豪，甚至足够充分的体验悲伤。而少了这些情感的滋养和浇灌，多了重重评判标准，就像有一只眼睛在凝视着我们的养育过程，家长自己累，孩子也累。

"爱"不是说出来的，而是感受到的，家长和孩子都需要充沛的情感流动来让我们感受到爱的浓郁，那对于一直在靠掏空自己"做事情"来表达爱意的家长们来说，会是一种深深的滋养。

孩子想要妈妈抱，我们不妨去享受紧紧拥抱时温暖、亲密的感觉；

孩子喜欢漂亮的玩具和好吃的，我们不妨和他一起欣赏、品尝，即使无法拥有也可以一起想象正在享受的美好感觉；

孩子取得进步，我们不妨和他一起自豪一会儿，充分体味那份"得意"带来的"须尽欢"；

即使孩子遇事受挫失望，我们也不妨和他的难过一起待一会儿，陪他体验"人生不如意事十有八九"；

……

记得有一次我回父母家，告别的时候，孩子们依次拥抱了姥姥姥爷，而我也顺势排在他们的"队伍"里拥抱了父母，这是一个自我成人以来很久很久没有过的拥抱。过后爸爸妈妈告诉我，这个拥抱让他们觉得非常感动。而很多家长也曾分享过，在全家一起的打闹游戏中，有很多亲密的肢体接触，除了亲子关系的收获，也让他们和伴侣之间有了更多的情感流动。

某天跟儿子发火了，自我反思之后，发现其实还是因为自己的完美主义。我告诉他："我刚才是对自己有些失望，是因为我发现我好像没法心平气和地接受你的这种行为，而我本来以为自己能够做到。"我问他："你能接受全部的我吗？比如说包括有时候可能会暴躁的我？"儿子很坦然地举起小拳头："那我确实也不能接受。我用我的手表示反抗！"我说："谢谢你这

么说，让我觉得轻松多了，看来全部接受真的是很难的事。其实我想让你知道的是——有些行为我的确看不惯，但是我还是很爱你。"

　　最后，还是用游戏重建联结——

　　亲亲他的脑门说：我爱聪明好奇的你；

　　亲亲他的眼睛说：我爱善于观察的你；

　　亲亲他的小腿说：我爱上蹿下跳的你；

　　亲亲他的小手说：我也爱会反抗的你；

　　亲亲他的小肚皮说：我爱嘴馋的你；

　　亲亲他的小脚丫说：我爱抠脚皮的你；

　　亲亲他的小鼻子说：我爱掏鼻屎的你！

　　他哈哈大笑。

　　最后亲亲他的心脏：我爱跟我分享心情的你。

　　道了晚安。

　　感谢孩子，我们可以再次养育自己，打破麻木而千篇一律的生活节奏，接受他们那纯真而炽热的情感洗礼，享受养育带来的情感滋养。在养育中，我们付出了时间、精力、金钱，但获得的是时间精力、金钱所买不到的情感灌注和无条件的爱。不要再总想着纠正、改变他们，如其所是地和他们在一起，享受那份我们曾经也想体会，但未曾充分体会的情感，让自己的情感更饱满、人生更完整。当父母有相对健康的人格、能够充分享受养育过程的时候，孩子的人格发展自然健康，也会更加享受成长的过程。

　　孩子快乐很简单，而成人简单很快乐。愿你和孩子都能享受简单而快乐的人生！